L'ARGENT

L'ARGENT

dieu ou don
de Dieu

JAMIE MUNSON

éditions
cruciforme

Pour l'édition française :
L'argent : dieu ou don de Dieu
© 2017 Publications Chrétiennes, Inc.
Publié par Éditions Cruciforme
230, rue Lupien, Trois-Rivières (Québec)
G8T 6W4 – Canada
Site Web : www.editionscruciforme.org
Tous droits de traduction, de reproduction et d'adaptation réservés.

Publié en Europe par BLF Éditions – www.blfeditions.com
Tous droits réservés.

Traduction : Pierre Bourrelly
Révision linguistique : Louise Denniss
Image de couverture : Freepik

ISBN : 978-2-924595-26-8
Dépôt légal – 3e trimestre 2017
Bibliothèque et Archives nationales du Québec
Bibliothèque et Archives Canada

« Éditions Cruciforme » est une marque déposée de
Publications Chrétiennes, Inc.

TABLE DES MATIÈRES

REMERCIEMENTS

Merci, Jésus, parce que tu m'as envoyé «grâce sur grâce» (Jean 1.16). De ces grâces font partie ma femme (Crystal) et nos quatre enfants (Caleb, Kara, Orin et Haley). Ils sont les plus grandes de toutes les bénédictions que tu m'as accordées.

Merci à Andrew Myers. Sans ton aide fidèle, ce livre n'existerait pas.

INTRODUCTION

« Le dernier tabou »

Voici un livre concernant votre argent et Dieu.

Si vous êtes comme plusieurs, ces deux sujets vous mettent plutôt mal à l'aise[1]. En 2014, l'agence Reuters a appelé l'argent « le dernier tabou[2] ». Je suis d'accord. Nos finances personnelles révèlent une importante partie de notre personnalité et de ce qui nous tient à cœur, et je n'aime pas partager un tel degré de vulnérabilité de manière désinvolte. Il est trop facile de juger les gens sur la base de leur situation financière, que la personne soit riche, pauvre ou entre les deux. Sans parler du fait que l'argent peut détruire une relation, à la manière d'un chèque qu'on annule, par jalousie, cupidité, fierté ou ambition égoïste. Pas étonnant que nous évitions le sujet.

---

1. Michelle Crouch, « Poll: Card debt the No. 1 taboo subject » [Sondage : la dette de carte de crédit sujet tabou n° 1], CreditCards.com, 15 avril 2013, < http://www.creditcards.com/credit-card-news/poll-credit-cardtaboo-subject-2013-1276.php >.
2. Chris Taylor, « The Last Taboo : Why nobody talks about money » [Le dernier tabou : pourquoi personne ne parle de l'argent], Reuters, 27 mars 2014, < http://www.reuters.com/article/2014/03/27/us-money-conversation-idUSBREA2Q1UN20140327 >.

TROP IMPORTANT POUR QU'ON N'EN FASSE AUCUN CAS

Cependant, comme pour la plupart des sujets délicats, c'est à notre détriment que nous évitons les conversations sérieuses au sujet de l'argent. Les remettre à plus tard rend encore plus douloureux ce qui est inévitable. J'espère que la nature confidentielle de ces pages vous encouragera à accepter mon aide pour réfléchir sur les questions financières, sur la foi et sur votre avenir.

Si vous lisez ce livre en groupe, je vous encourage à prendre un risque et à en tirer le meilleur parti possible. Ouvrez-vous aux autres. Allez-y ! Acceptez d'être sollicité, mis au défi, et transformé. Dans ce livre, je tente de résumer ce que j'ai appris sur l'argent depuis que, de l'adolescent surendetté que j'étais, je suis devenu le chef et le principal soutien d'une famille de six personnes. Les principes exposés ici ont transformé ma vie à bien des égards, que ce soit sur le simple plan pratique, ou en profondeur, et j'ai tout noté par écrit afin que d'autres puissent faire la même expérience.

VOUS NE CROYEZ PAS EN DIEU ?

J'invite ceux d'entre vous qui ont une aversion pour les références bibliques et les discussions sur Dieu à poursuivre, malgré tout, leur lecture. J'ai volontairement conservé au livre une taille modeste. Vous perdrez donc, dans le pire des cas, une heure ou deux.

Dans le meilleur des cas, peut-être glanerez-vous quelques idées utiles, des stratégies, ou même une perspective toute nouvelle sur la vie et sur l'argent. Une heure ou deux est un investissement à faible risque, avec, en contrepartie, la possibilité de voir votre stress diminuer et votre joie grandir. Si vos finances sont déjà stables, c'est parfait. Peut-être que vous grappillerez quelques nouvelles notions ici et là. Toutefois, si vous n'êtes pas satisfait de vos finances, essayez donc ce livre. Peut-être n'y apprendrez-vous pas à devenir millionnaire, mais vous pourriez être surpris de découvrir une autre approche des finances personnelles.

Que vous soyez chrétien ou non, riche ou pauvre, ouvrier ou col blanc, retraité, travailleur à temps plein ou sans-emploi, ce livre a quelque chose à vous apporter. Même si vous n'êtes pas prêt à parler d'argent, je suis content que vous soyez prêt à lire sur le sujet, et j'espère que ce livre vous sera utile.

HAÏSSEZ-LE

*« Nul ne peut servir deux maîtres. Car, ou il haïra l'un,
et aimera l'autre ; ou il s'attachera à l'un, et méprisera
l'autre. Vous ne pouvez servir Dieu et Mammon. »*
— Jésus[1]

De quoi avez-vous peur ?

Le meilleur point de départ, lorsqu'il s'agit d'un livre sur
l'argent, n'est pas de discuter budgets et bilans, économie et théo-
ries financières, ou gestion de la dette et développement de carrière.

Le meilleur point de départ, c'est la question de nos peurs.

C'est précisément cette question que Jésus aborde au
chapitre 12 de Luc. Avant de se lancer dans un enseignement
brillant sur l'argent, la richesse et les possessions, il commence
par ces paroles austères, mais réconfortantes :

> Je vous dis, à vous qui êtes mes amis : Ne craignez pas ceux qui
> tuent le corps et qui, après cela, ne peuvent rien faire de plus. Je
> vous montrerai qui vous devez craindre. Craignez celui qui, après
> avoir tué, a le pouvoir de jeter dans la géhenne ; oui, je vous le dis,
> c'est lui que vous devez craindre. Ne vend-on pas cinq passereaux
> pour deux sous ? Cependant, aucun d'eux n'est oublié devant

---

1. Matthieu 6.24.

Dieu. Et même vos cheveux sont tous comptés. Ne craignez donc point : vous valez plus que beaucoup de passereaux[2].

La Bible établit un lien quelque peu déroutant entre la peur, l'amour et l'adoration. «L'amour parfait bannit la crainte», nous dit l'apôtre Jean[3] à la suite des Proverbes, où il était déjà dit : «La crainte de l'Éternel est le commencement de la science ; les insensés méprisent la sagesse et l'instruction[4].»

De toute évidence, Jésus embrasse le paradoxe amour/crainte lorsqu'il nous rappelle que le seul qui puisse nous détruire pour l'éternité est également le seul qui nous aime jusqu'à compter chaque cheveu de notre tête. Oui, la perspective de rencontrer Dieu, l'infini Créateur de l'univers, peut susciter une frayeur brutale, déchirante ; la crainte est assurément une réaction omni-présente dans l'Écriture[5]. Toutefois, la crainte au sens biblique a quelque chose de bien plus profond et complexe que la terreur et l'intimidation exercées par les tyrans, les brutes, et autres petits dieux qui utilisent la peur comme arme. Ce que vous choisissez de craindre dominera sur vous.

LA MAUVAISE FORME DE CRAINTE

«La peur et l'inquiétude révèlent ce que nous sommes», écrit le théologien et psychologue Edward Welch. «Elles révèlent les choses que nous aimons et auxquelles nous accordons de la valeur[6].» À leur tour, les choses que nous aimons et valorisons sont celles que nous adorons. Par exemple, nos enfants, notre argent, et nos amitiés deviennent des idoles lorsque nous crai-gnons la mort, l'insécurité, et le rejet. Notre bonheur dépend

2. Luc 12.4-7.
3. 1 Jean 4.18.
4. Proverbes 1.7.
5. Exode 20.18 ; Ésaie 6.5 ; Apocalypse 1.17.
6. Edward T. Welch, *Running Scared*, Greensboro, NC, New Growth Press, 2007, p. 13 (trad. libre).

alors du bien-être de nos enfants, de la taille de notre compte en banque ou de la santé de nos proches – qui finiront tous par s'étioler et disparaître.

Tout le monde a peur : peur de la souffrance, de l'appauvrissement, du rejet, de l'échec, de la honte, parce que tout le monde est attaché à quelque chose, ne fût-ce qu'à soi-même. Et c'est pourquoi nous investissons sans compter toutes nos ressources, notre énergie et notre temps pour essayer de soustraire aux menaces ce que nous aimons. Pourtant, cet effort est vain, parce que les enfants meurent. Les emplois se perdent. Les familles se désintègrent. Les maisons brûlent. Les amis déménagent. Les marchés boursiers s'effondrent.

Nous gâchons notre vie à nous soucier de choses que nous ne pouvons maîtriser et à avoir peur de choses que nous ne pouvons éviter. La Bible appelle cette réalité la « poursuite du vent[7] ». En fin de compte, c'est une folie, c'est-à-dire le contraire de la sagesse.

LA BONNE FORME DE CRAINTE

La crainte est inévitable ; cela signifie que l'objet de notre crainte a une grande importance. La crainte du Seigneur n'est pas la réaction que nous pourrions avoir vis-à-vis d'un père violent, avec ses sautes d'humeur gigantesques et son caractère imprévisible. La crainte du Seigneur nous pousse à l'adorer, et à reconnaître, dans le respect et la crainte, qu'il est le Dieu omniscient, tout-puissant, omniprésent, le Créateur et Soutien, éternellement bienveillant, de tous et de toute chose.

La crainte du Seigneur est la seule chose qui puisse nous empêcher de succomber à toutes les autres craintes qui nous volent notre vie. Malgré tous nos efforts, nous ne pouvons finalement rien contrôler. Par contre, Dieu a le pouvoir de tout contrôler. Nous pouvons lui faire confiance, car il est « infini, éternel et

---

7. Ecclésiaste 2.17.

immuable dans son être, sa sagesse, sa puissance, sa sainteté, sa justice, sa bonté et sa vérité[8] ». Comme l'écrit John Newton dans son cantique *Amazing Grace* (*Grâce infinie*) : « La grâce m'a appris à craindre, et la grâce m'a délivré de la crainte » (traduction libre).

La crainte du Seigneur est sagesse parce que Dieu seul mérite notre adoration. Vivre autrement est une folie.

ARGENT + CRAINTE = INQUIÉTUDE

Dès qu'il est question d'argent, la crainte se manifeste en général sous forme d'inquiétude. Les soucis financiers sont une forme de crainte qui éclipse toute révérence à l'égard de Dieu. L'inquiétude révèle notre manque de confiance en ses promesses. En clair, l'inquiétude est un péché. Le Dr Edward Welch l'explique fort bien :

> L'inquiétude, par conséquent, n'est pas simplement une émotion qui restreint notre qualité de vie ou une douleur qu'il faut soulager. C'est un amour déplacé qui doit être confessé. Elle constitue une tentative visant à gérer notre monde indépendamment de Dieu. Cela revient à faire graviter notre vie autour de nos besoins, de nos désirs et de nos envies […] Là où vous voyez l'inquiétude financière, vous voyez le péché ; c'est aussi simple que cela[9].

Dieu opère la rédemption de notre inquiétude en faisant de cette dernière une flèche lumineuse qui pointe en direction de notre péché. Son objectif, en mettant nos défauts en lumière, n'est pas de susciter un malaise, mais de nous révéler notre besoin désespéré d'un Dieu meilleur que l'argent, plus puissant et plus aimant : Jésus. Si nous considérons l'inquiétude comme une simple émotion ou une simple souffrance, nous chercherons tout bonnement à la soulager ou à la gérer tant bien que mal. Cette approche de l'inquiétude nous en rend esclaves, puisque

---

8. *Le petit catéchisme de Westminster*, « Question 4 », trad. Louis Durand, Bruxelles, Librairie chrétienne évangélique, 1858, p. 3.
9. Edward T. Welch, *op. cit.*, p. 163 (trad. libre).

nous sommes de ce fait dominés par ce que nous craignons. Par contre, si nous comprenons que l'inquiétude est un péché, sachons que la question du péché a été réglée à la croix. Par la mort de Jésus, nous avons obtenu le pardon et avons été libérés de tout péché, y compris l'inquiétude.

AIMEZ-LE OU DÉTESTEZ-LE

Tout au long de cet ouvrage, nous aborderons de nombreuses formes courantes de crainte, de souci, d'erreur et de péché liées à l'argent. Jésus résume cela dans un verset : « Nul ne peut servir deux maîtres. Car, ou il haïra l'un, et aimera l'autre ; ou il s'attachera à l'un, et méprisera l'autre. Vous ne pouvez servir Dieu et Mammon[10]. »

L'un des versets de la Bible les plus souvent cités hors de propos est 1 Timothée 6.10. Contrairement à ce que vous avez peut-être entendu dire, il ne désigne pas l'argent comme étant la racine de tous les maux. En fait, le verset dit : « *l'amour de l'argent* est une racine de tous les maux » (italiques pour souligner). Les gens meurent pour de l'argent, tuent pour de l'argent. Ils donnent leur vie pour se procurer de l'argent. Ce n'est toutefois pas la faute de l'argent. Les gens aiment l'argent parce qu'il représente la sécurité, le confort, l'émancipation, et il leur assure un statut social. Tout cela est illusoire, bien sûr, parce que Dieu est le seul maître qui puisse tenir ce genre de promesses.

Détester est certainement un mot très fort. Cependant, j'espère que vous le garderez en mémoire pendant la lecture de ce livre. Mais soyons clairs : Jésus ne nous appelle pas à détester l'argent lui-même, mais à détester l'argent comme maître. Ne le désirez pas, ne soupirez pas après lui, ne vivez pas pour lui. L'argent n'est pas mauvais, mais quand nous le laissons régner sur notre vie il provoque la peur, l'inquiétude, la cupidité, la fierté

---

10. Matthieu 6.24.

et d'autres manifestations du mal dans notre cœur. C'est pourquoi nous devons aborder ce sujet avec sagesse et avec prudence afin que l'argent garde sa juste place. Le savant et philosophe Francis Bacon aurait dit : «L'argent est un bon serviteur, mais un mauvais maître.» Lorsqu'on en reçoit et qu'on l'utilise correctement, l'argent est un don excellent qui vient de Dieu. Il est utile et rend bien des services. C'est un outil qui nous aide à adorer Jésus et à honorer le Seigneur. Mon grand espoir et ma prière sont que je puisse vous aider à bien employer cet outil. Cependant, si nous ne détestons pas l'argent comme maître, nous sommes susceptibles de le craindre, de l'adorer et de l'aimer plutôt que Dieu.

Craindre le dieu argent, c'est de l'esclavage. Nous n'avons jamais suffisamment d'argent et l'argent ne nous procure pas le salut. Craindre le Seigneur, c'est la sagesse et la liberté. Lorsque nous trouvons une facture imprévue dans la boîte aux lettres, que la voiture tombe en panne, qu'une grande décision pèse sur l'avenir de l'entreprise, ou que la saisie et la venue de l'huissier semblent imminentes, nous avons la liberté de ne pas craindre[11], sachant que notre avenir, notre éternité et notre vie sont dans la main de Dieu, laquelle est sure et digne de confiance : «Ne vous livrez pas à l'amour de l'argent ; contentez-vous de ce que vous avez ; car Dieu lui-même a dit : Je ne te délaisserai point, et je ne t'abandonnerai point. C'est donc avec assurance que nous pouvons dire : Le Seigneur est mon aide, je ne craindrai rien[12].»

Si notre cœur appartient à Jésus et si notre vie est consacrée à la mission qu'il nous a confiée, nous n'avons pas à éviter, à diaboliser ou à craindre l'argent. Nous pouvons aimer Dieu, aimer les gens et utiliser l'argent pour jouir de la vie et pour servir Dieu.

---

11. Luc 12.7.
12. Hébreux 13.5,6.

2

GÉREZ-LE

« Car qui suis-je et qui est mon peuple, pour que nous puissions te faire volontairement ces offrandes ? Tout vient de toi, et nous recevons de ta main ce que nous t'offrons. »
– Le roi David[1]

Tout ce que nous avons vient de Dieu et appartient à Dieu : la vie, la famille, l'argent, les ressources, le temps, le travail, les talents… *tout*[2]. Nous sommes des gérants. Toutes choses appartiennent à Dieu, et il nous donne selon sa grâce et sa bonté.

Plusieurs chrétiens s'entendent sur ce fait, mais, pour la plupart, nous nous pavanons comme si nous étions les maîtres des lieux. Au lieu de manifester humblement notre reconnaissance, nous convoitons un niveau de vie plus élevé. Au lieu de manifester notre gratitude pour sa grâce, nous montrons de l'avidité pour l'argent que nous gagnons. La différence entre ces deux perspectives influence et dirige tous les aspects de notre vie (voir tableau, page suivante) :

---

1. 1 Chroniques 29.14.
2. Jean 3.27 ; 1 Corinthiens 4.7.

	GRATITUDE	AVIDITÉ
ATTITUDE	Humilité (Ph 2.3)	Gémissements (Ph 2.15)
PERSPECTIVE	Grâce : « Je suis un pécheur qui mérite la mort, mais Jésus a payé le prix et m'a imputé sa justice parfaite. »	Revendication : « Je suis quelqu'un de bien et je mérite le paradis – en plus d'une vie confortable et sans souffrance. »
DÉSIR	Jésus suffit à satisfaire ma vie.	Jésus ne suffit pas. Je veux aussi la richesse, la célébrité, le confort ou le pouvoir.
ARGENT	Dieu donne. Mon argent est donc à lui, et je l'utilise pour sa gloire.	Je gagne mon argent. Il est donc à moi, et je l'utilise comme je veux.
POSSESSIONS	Contentement : J'ai suffisamment.	Convoitise : Je n'ai jamais assez.
ÉGLISE	Servir en tant que membres de la famille de Dieu.	Être servi en tant que consommateur.
TRAVAIL	Travailler de bon cœur pour le Seigneur, cultiver la reconnaissance parce que Dieu pourvoit (De 8.17 ; Col 3.23).	Travailler à contrecœur pour les hommes ; s'aigrir et jalouser les autres (Ja 3.16).
FAMILLE	Une bénédiction à accueillir.	Un fardeau à fuir.
AVENIR	Éternel : optimisme et espérance (2 Co 4.7-9)	Temporel : pessimisme et inquiétude
ADORATION	Temps, énergie et ressources sont pour Dieu	Temps, énergie, et ressources sont pour moi.
IDENTITÉ	Jésus et son œuvre	Mes capacités et mes œuvres
DON	Généreux	Motivé par la culpabilité ou le gain (ou inexistant)
CORPS	Son temple, racheté à un grand prix	Ma propriété, j'en fais ce que je veux
VIE	Lui appartient, vécue pour sa gloire	M'appartient, vécue pour ma gloire

Ou bien tout ce qui figure sur la liste appartient à Dieu, et il me le donne dans un but précis, ou bien cela m'appartient, et j'y ai droit parce que… Choisissez votre justification : je suis quelqu'un de bien, je travaille dur, je suis intelligent, j'ai gagné cet argent, cela correspond à mon karma, et ainsi de suite. La perspective que vous avez concernant la gestion de ce qui vous appartient fait la différence entre une vie de gratitude et une vie de cupidité. Sachez discerner la présence de la cupidité destructrice dans votre propre vie en écoutant les murmures qui montent en vous. Peut-être les entendez-vous au moment de la collecte à l'Église, ou quand on vous a ignoré lors d'une promotion au travail, ou lorsque votre meilleur ami roule dans une voiture flambant neuve. Le mécontentement chronique, la revendication, la colère, le ressentiment, et l'amertume assombrissent la conversation et éteignent toute joie.

Nous pouvons tous être contaminés par cette mentalité qui fait que l'humble rôle de gérants ne nous plait pas du tout. «Cela commence par une humeur ronchonne, dit C. S. Lewis, mais vous gardez encore vos distances vis-à-vis de votre humeur : peut-être même que vous considérez celle-ci d'un œil critique. Puis, pour peu que vous traversiez une heure un peu sombre, vous embrasserez peut-être de plein gré votre humeur morose. Vous pouvez vous repentir et en ressortir. Il se peut cependant qu'un jour vous ne puissiez plus le faire[3].» Nous pouvons choisir les murmures ou, avec l'aide de Dieu, une direction spirituelle sage ainsi que la grâce, nous pouvons aussi choisir d'être reconnaissants[4]. Peu à peu, l'humeur pour laquelle nous optons fixe le cap de la journée, puis de la semaine, puis de l'année, puis le cap de notre vie entière.

Cela dit, la Bible établit une relation entre le travail physique et la récompense matérielle, entre l'obéissance et la bénédiction.

---

3. C. S. Lewis, *Le grand divorce*, Raphaël, 2000 (trad. libre).
4. Colossiens 3.15.

Pourtant, la vie ne se plie pas toujours à cette formule, et « *[tout]* arrive également à tous ; même sort pour le juste et pour le méchant[5] ». En dehors du fait que le monde gît sous la malédiction à cause du péché, nous ne pouvons pas expliquer au juste pourquoi le mal peut toucher des gens de bien, ou pourquoi certains méchants jouissent d'une vie enviable. Nous savons, cependant, que l'économie de Dieu ne se mesure pas à l'aune des équations qui régissent les intérêts composés de notre avoir bancaire, mais à l'aune de la droiture et de la justice qui nous fera porter du fruit jusque dans l'éternité. Ainsi, les déshérités ne sont peut-être pas si pauvres après tout, et les nantis feraient mieux de ne pas se sentir trop à l'aise.

CE N'EST PAS UNE QUESTION D'ARGENT...

La grâce de Dieu est une réalité cosmique dont les implications sont incommensurables. Jésus offre la « vie éternelle[6] » et « des trésors dans le ciel, où la teigne et la rouille ne détruisent point, et où les voleurs ne percent ni ne dérobent[7] ». En attendant, nous avons sur la terre plus de satisfactions que nous ne le méritons. Bref, en Jésus, nous sommes tous des nantis. Même si nous n'avons plus que l'air qui nous reste dans les poumons, cela nous permettra encore de le louer avec notre dernier souffle, parce que « Christ est ma vie, et la mort m'est un gain[8] ». La théologie de la prospérité, qui est commune à de nombreuses traditions chrétiennes sème la confusion en établissant un lien entre les richesses matérielles dans cette vie et la bénédiction de Dieu ainsi que sa faveur. Êtes-vous riches ? Félicitations, Dieu est content de vous ! Êtes-vous pauvres ? Honte à vous, gens de peu de foi.

---

5. Ecclésiaste 9.2.
6. Jean 5.24.
7. Matthieu 6.20.
8. Philippiens 1.21.

La Bible ne cesse d'enseigner une vérité plus belle, une vérité qui renverse complètement la théologie de la prospérité : la bénédiction de Dieu n'est pas à vendre, et sa grâce est entièrement gratuite[9]. En tout cas, Jésus promet qu'un grand revirement de situation se produira : les déshérités deviendront des nantis, et vice versa. Dans le livre de l'Apocalypse, par exemple, il reprend sévèrement l'ancienne Église chrétienne de Laodicée, assemblée prospère qui se distingue par sa foi « tiède » : « Parce que tu dis : Je suis riche, je me suis enrichi, et je n'ai besoin de rien, et parce que tu ne sais pas que tu es malheureux, misérable, pauvre, aveugle et nu[10]. » De même, il est possible que nous prospérions financièrement et que nous n'ayons « besoin de rien », mais si nous n'avons pas Jésus et l'œuvre qu'il accomplit dans notre cœur, nous n'avons rien.

Nous ne devrions pas minimiser les avertissements que la Bible adresse aux riches, mais la théologie de la pauvreté amène cette perspective à l'autre extrême. Alors que la théologie de la prospérité établit un lien entre la sainteté d'un individu et sa richesse, la théologie de la pauvreté commet l'erreur inverse et enseigne qu'être pauvre est une forme de sainteté et qu'être riche est une forme de péché. Cette perspective soulève de nombreux problèmes, à commencer par le fait que Jésus était riche avant de venir sur la terre[11], et qu'il sera riche en tant que roi éternel régnant sur un royaume parfait et sans péché.

L'apôtre Paul évoque l'attrait des théologies de la pauvreté lorsqu'il parle de notre tendance à inventer des attitudes religieuses qui sont basées sur la privation et qui sont complètement étrangères aux enseignements de la Bible : « Ils ont, en vérité, une apparence de sagesse, en ce qu'ils indiquent un culte volontaire,

---

9. Voir entre autres, Ésaïe 55.1 ; Romains 6.23 ; Apocalypse 22.17.
10. Apocalypse 3.17.
11. 2 Corinthiens 8.9.

de l'humilité, et le mépris du corps, mais cela est sans valeur réelle et ne sert qu'à satisfaire la chair[12]. »

L'argent n'indique en rien notre position devant Dieu, parce que Dieu ne regarde pas au compte en banque, mais plutôt au cœur[13]. À cet égard, les nantis ne sont pas meilleurs (théologie de la prospérité) ou pires (théologie de la pauvreté) que les déshérités. La vie de Paul illustre bien cela puisqu'il déclare : « Je sais vivre dans l'humiliation, et je sais vivre dans l'abondance. En tout et partout j'ai appris à être rassasié et à avoir faim, à être dans l'abondance et à être dans la disette[14]. » Dieu n'exige pas que son peuple soit pauvre, et il ne promet pas à tous ses disciples qu'ils seront riches. Ainsi que Paul l'enseigne si bien, notre justice, notre salut, notre foi, notre acceptation par Dieu, et les bénédictions que celui-ci nous dispense, n'ont rien à voir avec l'argent et ont tout à voir avec Jésus[15].

… MAIS L'ARGENT EST TOUT DE MÊME IMPORTANT.

Le fait que Jésus a une importance capitale ne signifie pas pour autant que l'argent soit sans importance. En fait, pour Craig Blomberg, un spécialiste du Nouveau Testament, la manière dont nous gérons les biens matériels est « le plus grand critère pour évaluer la profession de foi de tout disciple de Christ[16] », et il qualifie le matérialisme comme étant « de loin le principal concurrent de la vraie foi chrétienne dans le cœur et l'âme de millions d'hommes et de femmes dans le monde d'aujourd'hui[17] ».

---

12. Colossiens 2.23.
13. 1 Samuel 16.7 ; Jérémie 17.10.
14. Philippiens 4.12.
15. 2 Corinthiens 1.20.
16. Voir Craig Blomberg, *Ne me donne ni pauvreté ni richesse*, Éditions Excelsis, 2001 (trad. libre).
17. *Ibid.*, p. 132.

Ce que nous faisons de notre argent – la manière dont nous gérons l'argent de Dieu – nous rapproche de lui ou, au contraire, nous en éloigne, «car là où est ton trésor, là aussi sera ton cœur[18]». Toute transaction financière révèle notre cœur en nous donnant l'occasion d'adorer Jésus en nous mettant au service de son royaume, ou de nous adorer nous-mêmes en nous mettant au service de notre petit royaume personnel. Chacun d'entre nous, qu'il soit nanti ou déshérité, met son argent au service du dieu qu'il adore.

Voici l'histoire d'une femme qui illustre admirablement ce principe. C'était une pauvre femme, sans doute une déshéritée selon nos critères économiques courants. Un jour, elle s'est discrètement glissée dans une Église pour mettre deux petites pièces dans le tronc. Sa contribution serait passée complètement inaperçue, peut-être même qu'elle n'aurait pas été comptabilisée et aurait été rejetée comme négligeable, sans la présence d'un homme, assis à proximité. Jésus avait observé le tronc, et il avait entendu le cliquetis sonore de pièces nombreuses alors que des hommes fortunés déversaient dans la boîte, chacun à son tour, de petites fortunes. Ce n'est que lorsque la femme «mit deux piécettes de bronze» que Jésus prit la parole et dit : «Je vous le dis en vérité, cette pauvre veuve a mis plus que tous les autres ; car c'est de leur superflu que tous ceux-là ont mis des offrandes dans le tronc, mais elle a mis de son nécessaire, tout ce qu'elle avait pour vivre[19]. »

POUR LES RICHES AUTANT QUE POUR LES PAUVRES

Dieu ne considère pas la quantité de ce que vous avez, mais la manière dont vous l'utilisez. La manière de gérer votre argent reflète l'état de votre cœur, c'est pourquoi le montant de votre avoir n'a aucune importance. Riche et pauvre, prospérité et

---

18. Matthieu 6.21.
19. Luc 21.1-4.

pauvreté, nanti et déshérité, sont des catégories de moindre importance que celles de juste et d'injuste. Le juste qui est riche et le juste qui est pauvre travaillent dur, donnent avec générosité, et gèrent leur avoir avec sagesse. C'est pourquoi, quel que soit le nombre de zéros qui suit le montant de leur compte en banque, Dieu est également satisfait du résultat, ainsi que nous le constatons avec le sacrifice de la veuve. D'autre part, les injustes qui sont pauvres et les injustes qui sont riches sont prêts à voler, à mentir et à détruire pour un gain financier. La seule différence est que certains obtiennent un rendement plus substantiel que d'autres.

La sagesse des commandements de Dieu s'applique aussi bien aux riches qu'aux pauvres. La Bible interpelle souvent les riches et elle défend tout spécialement les pauvres : Dieu aime les riches et il ne veut pas les voir devenir esclaves de leur argent ; Dieu aime aussi les pauvres et il veut les consoler. Toutefois, au lieu de nous prescrire un grand nombre de directives : combien donner, où investir, et quand prendre notre retraite, Dieu nous fournit de simples principes qui nous aident à vivre de manière à l'honorer. Il nous protège et nous accorde une grande liberté pour vivre dans le cadre global de sa sagesse.

Dans le dessein de Dieu, l'argent constitue simplement une aide qu'on utilise ou qu'on recherche, soit pour faire le bien soit pour faire le mal, soit pour la gloire de Dieu soit pour notre propre destruction. Selon la manière dont nous le gérons, nous pouvons éviter les pièges de la théologie de la prospérité et de la théologie de la pauvreté, cultiver un cœur reconnaissant pour les dons que Dieu nous a faits et utiliser ces dons de manière équitable afin de refléter les priorités de Jésus ainsi que tout ce qui lui tient à cœur.

Maintenant, et ce, jusqu'à la fin de ce livre, nous examinerons quelques manières concrètes de gérer l'argent : comment établir un budget, comment gagner, dépenser, économiser, investir, donner et faire fructifier l'argent à la gloire de Dieu.

3

BUDGÉTISEZ-LE

« Les jours de nos années s'élèvent à soixante-dix ans, et, pour les plus robustes, à quatre-vingts ans ; et l'orgueil qu'ils en tirent n'est que peine et misère, car il passe vite, et nous nous envolons [...] Enseigne-nous à bien compter nos jours, afin que nous appliquions notre cœur à la sagesse. »
– Moïse[1]

La plupart des gens apprennent à la dure quand il s'agit d'argent. Enfin, en supposant qu'ils apprennent quoi que soit. C'est ce qui m'est arrivé. Mes parents gagnaient de bons salaires, surtout si l'on tient compte des critères du Montana ; mais ils ne savaient pas comment gérer leur argent. Un jour, nous sommes partis faire du camping et nous avons décidé d'acheter des chaussures de bain Aquasox en cours de route. Nous avons visité plusieurs magasins, et oubliant les chaussures de bain, mes parents ont plutôt décidé d'acheter un bateau à moteur Bayliner de six mètres. J'étais assez âgé pour savoir que leur dernière paie ne couvrait pas un tel achat. Nous ne disposions certainement pas du budget pour acheter un bateau flambant neuf, et d'ailleurs, nous n'avions pas de budget. Mais, pour

---

1. Psaumes 90.10,12.

moi, ça ne changeait rien à l'époque. Si cet achat impulsif nous permettait de faire du ski nautique, alors c'était à mes yeux, un investissement plutôt gratifiant.

CINQ APPROCHES POUR BUDGÉTISER

Bien entendu, cette façon de penser m'a finalement conduit à quelques gaffes financières que je partagerai un peu plus tard. En me basant sur les erreurs de mes parents et sur mes propres décisions inconsidérées, ainsi que sur quelques scénarios rencontrés au cours de mes années de ministère pastoral, j'ai pu déterminer à ce jour au moins quatre très mauvaises stratégies budgétaires.

1. L'ignorance est un plan catastrophique

Vérifiez votre solde à un distributeur automatique de billets. S'il y a de l'argent sur le compte, vous marquez un but ! Retirez alors des espèces. Aucun chéquier et aucun suivi requis.

2. Le plan de sauvetage qui fait appel aux parents

Lorsque vous n'avez plus d'argent, appelez votre mère pour lui dire que vous êtes de nouveau fauché. Ensuite, attendez de recevoir cet argent facile. La méthode peut sembler astucieuse quand vous avez sept ans, mais pas à vingt-sept ans.

3. Le plan : carte de crédit

Effectuez tous vos achats avec une carte de crédit. Lorsque vous atteignez la limite des dépenses autorisées, procurez-vous une nouvelle carte de crédit. Puis renouvelez l'opération.

4. Le plan : vivre au jour le jour

Dépensez exactement ce que vous gagnez et vivez en fonction de votre dernière paie. Vous n'aurez pas de retard, mais vous ne prendrez jamais d'avance non plus.

Le bon plan est la cinquième option. Dominez l'argent ou c'est lui qui vous dominera. Nul besoin d'être un investisseur de renom. Toutefois, une saine gestion financière exige une compréhension et une planification sommaires : un budget. Contrairement aux options précédentes, un bon plan honore Dieu et peut vous procurer une grande joie et un grand soulagement.

BUDGÉTISEZ POUR LE JOUR DU JUGEMENT

Le long sermon de Jésus sur l'argent dans Luc chapitre 12 comprend quelques épisodes sombres. « Que vos reins soient ceints, et vos lampes allumées », dit-il, avant de relater quelques histoires concernant des serviteurs qui attendent le retour de leur maître sur le point de rentrer d'un long voyage[2].

L'« économe fidèle et prudent » sera béni au retour de son maître[3]. L'économe qui profite de l'absence de son maître sera mis en pièces[4]. Quant à l'économe paresseux et à l'économe ignorant, ils négligent de se préparer pour des raisons différentes, mais tous deux seront battus[5]. Ensuite, les choses ne s'arrangent pas, puisque Jésus déclare : « Je suis venu jeter un feu sur la terre, et qu'ai-je à désirer, s'il est déjà allumé[6] ? »

Si ce langage vigoureux n'est pas encore clair à vos yeux, je me contenterai d'ajouter que Jésus prend très au sérieux le rôle d'économe. Il évoque sans ménagement le jour où chacun de nous devra

---

2. Luc 12.35.
3. Luc 12.42,43.
4. Luc 12.47.
5. Luc 12.47,48.
6. Luc 12.49.

répondre de la façon dont il aura utilisé son temps, son argent, et ce qu'il aura fait de la vie que Dieu lui a donnée.

C'est un sujet d'importance, et il peut sembler bizarre, dans la discussion, de passer du Jugement dernier aux histoires de feuilles de calcul et de budget, mais cela fait partie du problème. Nous minimisons et compartimentons certains aspects de la vie et préférons croire que Dieu ne nous demande rien d'autre que de prier, de lire la Bible, d'aller à l'Église et de faire une bonne action de temps en temps en guise de témoignage. C'est un mensonge que nous nous racontons à nous-mêmes, et que Satan se plait à entretenir. C'est une victoire pour l'ennemi lorsque nous gérons notre argent séparément de notre marche avec Jésus. Cela signifie que notre cœur aussi reste séparé de Jésus[7] et que nos ressources seront moins efficaces dans la mission que Dieu nous a confiée.

Dans l'histoire de Jésus, l'économe infidèle devient la proie de cette mentalité. Le maître tarde, et, au lieu d'avoir à cœur de préparer son retour, l'économe commence à arrondir les angles et à justifier ses actes. Ce qui, au départ, semblait n'être qu'un petit accroc à la bienséance ou un léger compromis (*je suis sûr qu'une si petite chose passera inaperçue aux yeux de mon maître*) dégénère rapidement en un abus d'autorité venu tout droit de l'enfer. Il ne faut pas longtemps à l'économe pour qu'il se comporte comme le maître des lieux – il boit le vin, mange les victuailles et maltraite les autres serviteurs.

Si nous ne savons pas gérer six dollars, comment gérerons-nous avec fidélité une somme dans les six chiffres ? C'est l'idée dominante de l'histoire que Jésus raconte : « On demandera beaucoup à qui l'on a beaucoup donné[8]. » Établir un budget peut sembler ingrat, ennuyeux et dépourvu de spiritualité. Pourtant, la planification est indispensable si vous voulez être des économes fidèles, avoir de la sagesse sur le plan financier, et glorifier Dieu avec vos ressources.

---

7. De nouveau, Matthieu 6.21.
8. Luc 12.48.

LOUEZ DIEU AU MOYEN DE VOTRE BUDGET

Chanter et prier ne sont pas les seules façons dont nous pouvons répondre à la grâce et à la bonté de Dieu. Nous pouvons glorifier Dieu en plaçant notre vie sous sa seigneurie, en choisissant de lui obéir et de l'honorer plutôt que de courir après le dieu argent et d'en devenir l'esclave.

En d'autres termes, établir un budget peut être un acte d'adoration. Cette démarche exige de notre part une attitude de contemplation vis-à-vis de tout ce que Dieu nous a donné, et, dans la prière, que nous envisagions ce qu'il nous appelle peut-être à en faire.

Dieu n'est pas le seul à qui profitera votre budget. Ce n'est pas être libre que de vivre sans planifier ni prévoir de budget, c'est plutôt une recette pour sombrer dans le stress, les difficultés et la folie. Ne pas planifier ses finances entraîne des effets indésirables : la crainte, l'anxiété, l'inquiétude, la dépression, le doute et même le divorce. Une étude menée en 2012 à l'Université Texas Tech et à l'Université du Kansas a établi que «les désaccords financiers étaient le signe le plus fortement prédictif du divorce[9]». Un chercheur en donne le résumé suivant : «Les querelles à propos d'argent sont de loin le principal facteur prédictif du divorce. Ce ne sont ni les enfants, ni le sexe, ni les beaux-parents, ni quoi que ce soit d'autre. C'est l'argent, tant pour les hommes que pour les femmes[10].»

L'argent sans budget est comme une voiture sans tableau de bord. Imaginez que vous conduisiez sans cadrans, sans voyants ou sans aucun tableau de bord. Vous pourrez probablement vous débrouiller pendant un certain temps, mais pourriez-vous

---

9. Jeffery Dew, Sonya Britt, et Sandra Huston, « Examining the Relationship Between Financial Issues and Divorce », *Family Relations*, n° 61, octobre 2012, p. 615-628 (trad. libre), doi : 10.1111/j.1741-3729.2012.00715.x.

10. « Researcher finds correlation between financial arguments, decreased relationship satisfaction », Kansas State University, 12 juillet 2013, < http://www.kstate.edu/media/newsreleases/jul13/predictingdivorce71113.html >.

parcourir des dizaines de kilomètres chaque jour sans jamais savoir à quelle vitesse vous roulez, si le moteur n'est pas en surchauffe, si le coffre n'est pas resté entrouvert ou si vous n'allez pas tomber en panne sèche d'un instant à l'autre ? Chaque déplacement devient alors une loterie pleine de menaces, et chaque voyage sans incident ne fait que retarder l'inévitable pépin.

Toute ligne directrice, depuis le budget jusqu'aux commandements de Dieu, peut sembler restrictive. Et pourtant les limites sont là pour nous protéger et nous guider. Ce n'est pas la faute de la jauge d'essence si vous tombez en panne au beau milieu de l'autoroute. Est-ce que ce ne sont pas plutôt notre péché et nos mauvaises décisions qui nous mettent en difficulté ? La sagesse nous aide à éviter ces crises. Or, la sagesse nous dit : «Planifiez, établissez un budget et obéissez à Dieu.»

COMMENT FAIRE UN VRAI PLAN

À la fin du livre, j'ai inclus une feuille de calcul pour vous aider à démarrer votre budget. Je recommanderais également le livre de Dave Ramsey intitulé *Total Money Makeover* (La métamorphose financière), qui est très pratique et qui comprend de nombreux outils utiles pour l'organisation de vos finances personnelles. En attendant, voici six principes directeurs à garder à l'esprit lorsque vous ferez votre budget.

1. Gardez les choses simples.

Pas besoin du logiciel dernier cri. Excel fera très bien l'affaire, de même qu'un crayon et du papier. Si vous avez besoin d'options supplémentaires, allez-y. Sinon, inutile de compliquer les choses.

2. Concentrez-vous sur les priorités.

Nous en parlerons davantage au chapitre 5, mais l'idée de base, pour l'instant, est de décider où vous voulez dépenser votre argent, et pour quelle raison. Ne pensez pas en termes de néces-sités et de besoins. Considérez tout ce que vous pourriez faire avec votre argent, puis établissez les priorités pour être sûr que les choses les plus importantes seront financées en premier.

3. Planifiez toutes vos dépenses.

Supprimez le facteur émotionnel ou de nature impulsive en déci-dant où votre argent ira avant que n'arrive le moment où vous le dépenserez. Essayez de planifier votre flux monétaire au moins six mois à l'avance.

4. Alignez vos plans sur la réalité.

Chacun a des dépenses hebdomadaires, mensuelles et annuelles. Calculez votre budget par année, puis déterminez le montant par mois et par période de paie.

5. Soyez économe.

Prévoyez un supplément de liquidités pour les dépenses margi-nales et essayez de vivre frugalement quand vous le pourrez. Si vous travaillez dans le secteur des services, tâchez de vivre sur votre salaire de base et mettez de côté tous vos pourboires. Si vous et votre conjoint travaillez tous les deux, essayez de vivre sur un seul revenu. Cela, si l'on excepte les urgences ou les gros achats, vous aidera à vous discipliner dans vos habitudes de dépenses, et vous permettra de vivre généreusement.

6. Surveillez votre attitude.

N'oubliez pas de cultiver une attitude de contentement plutôt que de succomber à une attitude de revendication. Travaillez dur, tirez le meilleur parti de toutes les occasions, soyez prêt à naviguer contre vents et marées et à encaisser les coups.

Vivre de manière planifiée ne signifie pas que vous ne dévierez jamais de votre planification. Au contraire, plus nous sommes préparés, plus nous serons prêts à réagir avec sagesse et rapidité dès qu'une occasion se présente. Donnez la priorité aux choses les plus importantes et planifiez-les : passez du temps avec Jésus ; occupez-vous du budget ; lisez la Bible ; sortez avec votre conjoint ; aimez vos enfants ; faites la connaissance de vos voisins ; tenez un agenda. Puis, lorsque viendra l'heure de la spontanéité, sachez l'apprécier en toute bonne conscience sans lui permettre de saboter le reste de votre existence.

Enfin, toutes ces planifications et ces préparations requièrent beaucoup de sagesse, alors n'oubliez pas où se trouve la source de la sagesse. Ne laissez pas Dieu en dehors de votre planification financière. Invitez le Saint-Esprit à vous guider. Il est notre conseiller, demandez-lui par conséquent de vous aider et suivez-le là où il vous conduira[11].

---

11. Jean 14.16.

GAGNEZ-LE

« L'argent répond à tout. »
– Le roi Salomon[1]

Quand mes deux filles avaient sept et dix ans, elles m'ont fait une présentation PowerPoint de cinq minutes sur la façon dont elles voulaient embellir leur chambre ; un budget y figurait. Une partie essentielle de leur plan de financement consistait à monter un stand de limonade appelé « Sweet and Sour Sisters ». C'était en quelque sorte un compromis entre les émissions télévisées de Sesame Street et Shark Tank. J'ai applaudi au concept de tout cœur et mes filles ont reçu l'approbation de leur fier papa. Les « Sweet and Sour Sisters » se sont lancées dans les affaires, et elles ont tout vendu en l'espace d'une heure, ce qui n'a surpris personne.

Mes filles voulaient gagner de l'argent, et voici ce que je ne leur ai pas dit :

- Oubliez le stand de limonade. Je vais financer la décoration de votre chambre.

---

1. Ecclésiaste 10.19.

- La grâce de Dieu est gratuite, alors pourquoi les gens devraient-ils payer pour votre limonade? Ne soyez pas si avares.
- Êtes-vous sûr que la limonade vous passionne? Pourquoi ne pas trouver un travail plus gratifiant?

Gagner de l'argent est une bonne chose. L'argent est un moyen, bien que ce ne soit pas le seul moyen, de réaliser des projets, de résoudre des problèmes, de mettre de la nourriture sur la table. En outre, il ouvre des portes, il permet de prendre soin des plus démunis, de développer la vie communautaire, et de réaliser de petits rêves (acheter des décorations pour la chambre d'un préado) ou de grands rêves (démarrer une affaire, voyager autour du monde).

L'argent est un outil si utile et si puissant qu'il n'est pas étonnant de voir les gens faire n'importe quoi pour en obtenir plus. Je ne préconise pas que l'on passe sa vie à l'engranger avec frénésie, mais l'attitude que je vois le plus souvent dans les milieux chrétiens est un étrange mélange de culpabilité et d'antimatérialisme qui étouffe toute ambition et tout désir de gagner honnêtement de bons salaires. Dans bien des cas, je suis sûr que cela vient d'une réaction sincère à l'avertissement de Jésus : «Et que sert-il à un homme de gagner tout le monde, s'il perd son âme[2]?»

À vrai dire, je suis d'accord avec Jésus. Ne recherchez pas l'argent au point d'en oublier les conséquences éternelles de vos actes présents. Nous évoquerons ce danger à la fin du chapitre. De même, ne vous servez pas de versets bibliques qui parlent des gains terrestres pour justifier la peur ou la paresse. Je désire maintenant, en fonction de vos blocages personnels, vous donner la permission – et même vous mettre au défi – de gagner votre vie décemment à la gloire de Dieu.

---

2. Marc 8.36.

BON BOULOT, BIEN PAYÉ

J'ai pris quelques photos des «Sweet and Sour Sisters» en plein travail et je puis vous certifier par expérience personnelle que le fait de gagner de l'argent représente bien plus que l'argent. J'ai observé la manière dont les deux filles ont ensemble monté un projet pour quelque chose qui leur tenait à cœur et ont par la suite mis ce projet en œuvre étape par étape. Cela a été extrêmement gratifiant pour moi et enrichissant pour elles. En outre, elles se sont montrées étonnamment astucieuses. Cela nous a permis de rencontrer des voisins, d'autres parents et de jeunes entrepreneurs, qui semblaient sortir de tous les côtés afin de les encourager.

L'argent est un sous-produit du travail, mais il n'en est pas le but. La passion, l'ingéniosité et le dynamisme humains sont un témoignage extraordinaire de la bénédiction et de la créativité de Dieu, qui nous a donné un esprit avec lequel nous pouvons accomplir des choses étonnantes. Bien qu'il soit impossible de surpasser le Dieu qui a façonné les espaces infinis du cosmos, les réalisations humaines, dans leur variété et leur étendue, sont néanmoins quelque chose d'extraordinaire, qu'il s'agisse d'art, d'exploits athlétiques, de gratte-ciels ou de voyages spatiaux.

Dieu nous a faits pour travailler, bâtir et créer, en utilisant l'argent et les nombreuses autres ressources qui sont à notre disposition. Aussi fastidieux, accablants, ou absurdes que certains types de travail puissent paraître, le travail est un don de Dieu. Il existait déjà dans le jardin d'Éden, avant même que le péché n'entre dans le monde[3]. «Le fait que Dieu ait instauré le travail dans le paradis nous étonne parce que nous pensons bien souvent au travail comme à un mal nécessaire ou même une punition», écrit Tim Keller. «Le travail est un besoin humain fondamental, au même titre que la nourriture, la beauté, le repos, l'amitié, la prière et la sexualité. Ce n'est pas simplement un remède, c'est aussi une nourriture pour notre âme. Faute d'un travail qui a du sens, nous

---

3. Genèse 2.15.

ressentons un état de manque et un vide intérieur importants[4]. »
Voici les caractéristiques qui définissent le travail tel qu'il aurait
toujours dû être :

- L'honnêteté
- Une éthique de travail appliquée
- Une compétence que l'on acquiert en cultivant ses dons
- Maximiser toutes les ressources disponibles (mais sans en
  abuser)
- Traiter les employés avec équité et générosité
- Gérer intelligemment vos champs d'intérêt et vos talents
  naturels
- Aimer et avoir de la considération pour les partenaires
  (collègues de travail, clients, fournisseurs, etc.)

Bien que ces vertus soient célébrées dans l'Écriture[5], il n'en
est aucune qui soit l'apanage des chrétiens. Le travail est un
don de Dieu dont les non-chrétiens peuvent user et abuser,
tout comme la nourriture, le sexe, la nature, l'autorité, etc.
Cependant, comme le souligne le professeur Gene Edward
Veith, les chrétiens ont en plus l'avantage de savoir que « Dieu
lui-même est à l'œuvre, au travers des vocations humaines, par
les soins providentiels qu'il dispense en gouvernant le monde. Il
nous fournit le pain quotidien par l'entremise des agriculteurs et
des boulangers. Il nous protège par l'intermédiaire de magistrats
légitimes. Il nous guérit par l'intermédiaire de médecins, d'in-
firmières et de pharmaciens. Il crée une vie nouvelle au moyen
de mères et de pères[6]. »

---

4. Voir Timothy Keller, *Dieu dans mon travail*, Ourania, 2016, chapitre 1
   (trad. libre).
5. Proverbes 6.6-11 ; 10.2 ; 13.11 ; 20.21 ; 21.6 ; 28.20 ; Jérémie 17.11 ;
   1 Corinthiens 7.17 ; 1 Thessaloniciens 4.11 ; 2 Thessaloniciens 3.10.
6. Gene Edward Veith, « Which vocations should be off limits to Christians ? », The
   Gospel Coalition, 22 mars 2012, < http://thegospelcoalition.org/article/ whic
   h-vocations-should-be-off-limits-to-christians/ >.

Tout travail est ainsi porteur de sens et porteur de dessein. Veith poursuit :

> Ayant été réconciliés avec Dieu par Christ, nous sommes envoyés par Dieu dans le monde pour l'aimer et le servir en aimant et en servant nos prochains. Cela s'opère au moyen d'une vocation. Ainsi, pour tout type de travail que nous faisons, nous pouvons nous demander : «Est-ce que j'aime et sers mon prochain, ou est-ce que je l'exploite et le tente[7] ?»

Un autre théologien, Anthony Bradley, résume de façon utile la pensée de Veith concernant la vocation :

> Cela signifie que personne n'est petit dans le royaume de Dieu et que personne n'y a une carrière, un emploi ou une vie sans importance. Dans l'économie de Dieu, être chauffeur d'autobus n'est pas moins important qu'être avocat ou implanteur d'Église. Ce qui importe, c'est que le peuple de Dieu soit animé par l'amour et qu'il glorifie Dieu partout où Dieu le place[8].

Étant donné que le but principal du travail n'est pas de faire de l'argent, Dieu accorde de la valeur au travail non rémunéré, comme celui de la personne au foyer ou du bénévole. «Selon la Bible, écrit Keller, nous n'avons pas seulement besoin de l'argent du travail pour survivre ; nous avons besoin du travail lui-même pour survivre et vivre pleinement notre vie d'humains[9].»

Cependant, tout chrétien salarié ne doit pas craindre de chercher à gagner beaucoup d'argent. Si vous pouvez gagner beaucoup sans que l'argent devienne votre dieu, sachez que l'abondance

---

7. *Ibid.*
8. Anthony Bradley, « Everyday Christianity : A Faith Free From The Accidental Pharisaism of Missional, Radical, Crazy and Other Superlatives », Acton Institute Power Blog, 17 juin 2013, < http://blog.acton.org/archives/56166-ever y-day-matters-liberation-from-the-shaming-accidental-pharisaism-of-missional -crazy-radical-and-superlative-christianities.html >.
9. Timothy Keller, *op. cit.*

d'argent peut créer des occasions uniques : elle peut contribuer à la liberté et au bien social.

L'argent crée des occasions

Il est triste de voir les chrétiens commettre l'erreur de ne pas optimiser les occasions qui leur sont données. Nous constatons le rôle que joue cette erreur dans la parabole des talents, où le serviteur « méchant et paresseux[10] » enterre son argent au lieu de l'investir, et ce, par peur de le perdre.

Michael Hyatt, ancien PDG des éditions Thomas Nelson et blogueur extraordinaire, va jusqu'à dire : « Je crois que j'ai l'obligation morale de gagner autant d'argent que je le peux. Pourquoi ? Parce qu'il y a des gens dans le besoin, et cela me permet de les aider[11]. »

L'argent ouvre des portes, attire l'attention et suscite des changements. Or, ce sont là des stratégies efficaces, que ce soit en matière de charité, d'affaires, de vie communautaire ou familiale. Comme le dit Hyatt : « Plus vous gagnez d'argent, plus vous avez d'impact[12]. »

L'argent est source de liberté

L'argent ne peut acheter le bonheur, le salut, l'amour ni rien d'autre qui est fondamentalement important pour notre vie. Même la musique populaire comprend ce principe (d'une certaine manière). Toutefois, on ne peut nier qu'avoir suffisamment d'argent permet une plus grande flexibilité et plus de choix dans la vie.

---

10. Matthieu 25.26.
11. Michael Hyatt, « Why You Should Do It for the Money (and Stop Feeling Guilty About It) », *Michael Hyatt* (blog), 11 octobre 2013, < http://michaelhyatt. com/ do-it-for-the-money.html >.
12. *Ibid.*

L'histoire de Pat Flynn est l'une des grandes réussites de la nouvelle économie Internet. Après son licenciement en 2008, il a su transformer l'obstacle en opportunité et il a décidé de créer sa propre activité en démarrant une entreprise en ligne. Quelques années ont passé, et Pat est maintenant le patron de son propre petit empire médiatique générant plus de 50 000 dollars par mois grâce à des livres numériques, des microsites, des concerts, des blogues et des podcasts.

«Il s'avère que mon licenciement a été la meilleure chose qui me soit jamais arrivée», écrit Pat sur son site Web, SmartPassiveIncome.com. «Maintenant que je ne travaille plus de 9 heures à 17 heures, je gagne plus d'argent et fais moins d'heures (et avec une plus grande flexibilité d'horaires), ce qui me permet d'être à la maison et de passer du temps avec ma famille[13].»

Je n'ai jamais rencontré cet homme, mais Pat donne l'impression d'être un type humble et sympathique. Il a découvert que l'argent peut être quelque chose de vraiment formidable pour peu qu'il ne soit pas un but en lui-même. Pour quiconque est prêt à prendre un risque et à travailler dur, la technologie et les tendances émergentes d'aujourd'hui offrent plus de possibilités que jamais. L'échec peut exister suivant la branche dans laquelle vous travaillez, mais si vous l'abordez avec humilité et ténacité, les obstacles peuvent se changer en occasions favorables. Mettez-vous au travail, et accrochez-vous.

L'argent permet de faire du bien

Vous n'avez pas besoin d'argent pour aimer votre prochain et faire du bien dans ce monde. Plusieurs individus peuvent accomplir beaucoup plus avec beaucoup moins de moyens, et ils le font. Cependant, si personne n'avait les moyens de payer les factures, nous n'aurions ni organismes d'aide à but non lucratif,

---

13. Pat Flynn, « About », *The Smart Passive Income Blog*, 1er octobre 2014, < http://www.smartpassiveincome.com/about/ >.

ni édifices religieux, ni recherche sur les maladies, ni organisations humanitaires.

Bob Goff, un brillant avocat, a refusé de laisser l'argent dominer son cœur. Dans son ouvrage à succès, dont tous les profits ont fait l'objet de dons de charité, *Love Does*, Bob qualifie sa carrière juridique de «collecte de fonds[14]». En tant qu'avocat s'occupant d'immobilier et de construction, l'emploi de Bob n'est pas explicitement «chrétien», mais son amour pour Jésus a un impact sur sa manière de travailler et d'utiliser ses gains. Avec l'argent qu'il a amassé, il a fondé une organisation appelée *Restore International* pour «lutter contre les injustices commises contre les enfants[15]». Son travail rémunéré est «comme une vente réussie de plats faits maison dont le but est de se débarrasser des crapules[16]».

Outre le fait que monter une entreprise prospère génère des fonds pour les œuvres de bienfaisance, cela peut s'avérer une bénédiction pour la communauté environnante. En tant qu'entrepreneurs, investisseurs et dirigeants, «vous remarquez un besoin humain qui n'est pas comblé, vous remarquez un talent ou une ressource qui peut répondre à ce besoin, et vous investissez alors vos ressources – à vos risques et périls – de manière à ce que le besoin soit satisfait et qu'il en résulte de nouveaux emplois, de nouveaux produits et une meilleure qualité de vie[17]».

La mission ne se fait pas sans argent, et l'argent ne se gagne pas sans beaucoup de planification, de discipline, de patience, de logique inversée, d'étude, et de coopération. Travaillez dur, faites de l'argent, et utilisez-le comme un moyen de glorifier Dieu.

---

14. Bob Goff, *Love Does : Discover a Secretly Incredible Life in an Ordinary World* [L'amour agit : découvrez une vie secrètement incroyable dans un monde ordinaire], Nashville, TN, Thomas Nelson, 2012, p. 204 (trad. libre).

15. *Ibid.*, p. 223.

16. *Ibid.*, p. 204.

17. Timothy Keller, *op. cit.*, chapitre 3 (trad. libre). Keller évoque un argument d'une conférence de Richard Mouw.

LES PÉCHÉS FINANCIERS : DE BANALES ERREURS ÉCONOMIQUES

Quel est le côté négatif de l'argent ? Dans sa chanson, *Confessions*, Lecrae reconnaît la valeur de l'argent, mais aussi les dangers qui l'accompagnent :

C'est pas un mal d'en posséder,
Va donc en dégoter,
Mais si tu y trouves ton identité,
Alors, laisse tomber.
Tu gagnes le monde entier,
Mais tu perds la seule chose qui soit à toi,
Parce que tout le reste, un jour tu le rendras.
(Traduction libre)

Malgré toute son utilité, l'argent est tout de même un piège. Nous pouvons gagner de l'argent avec les meilleures intentions du monde au départ, et ne pas même nous apercevoir que nous oublions notre rôle de simple économe en devenant plutôt esclaves de cet argent, ou pire encore. « Qu'il est difficile à ceux qui ont des richesses d'entrer dans le royaume de Dieu ! », dit Jésus après avoir rencontré un homme qui a préféré ses richesses à Dieu[18]. Si vous gérez de l'argent, faites très attention, car « ceux qui veulent s'enrichir tombent dans la tentation, dans le piège, et dans beaucoup de désirs insensés et pernicieux qui plongent les hommes dans la ruine et la perdition[19] ».

Parlons franchement. Nos motivations pour gagner de l'argent sont pratiques, constructives et bienveillantes, cependant, un autre désir vient se mêler au processus : nous voulons être riches parce que nous voulons pouvoir maîtriser l'avenir. Nous voulons être riches parce que nous voulons disposer d'un pouvoir sur les gens. Nous voulons être riches parce que nous

---

18. Luc 18.24.
19. 1 Timothée 6.9.

voulons vivre dans le confort dès maintenant, sur la terre, et non pas attendre d'être au ciel. Nous voulons être riches parce que nous voulons être comme Dieu.

Jusqu'à ce que nous voyions Jésus face à face, l'argent et les efforts que nous faisons pour nous en procurer nous pousseront à aller dans cette direction. Nous serons tentés de nous définir par nos réalisations ou par la quantité d'argent que nous gagnons. Ou les deux. C'est pourquoi des types comme moi peuvent parfois se laisser piéger par le travail au point de négliger la famille. Si vous voulez éviter la « ruine et la destruction », prenez garde à ces quelques autres péchés financiers courants :

- *L'idolâtrie* : « Vous ne pouvez servir Dieu et Mammon[20]. »
- *L'orgueil* : « Lors donc que tu fais l'aumône, ne sonne pas de la trompette devant toi[21]. »
- *L'endettement inutile* : « Celui qui emprunte est l'esclave de celui qui prête[22]. »
- *L'envie et la convoitise* : « L'envie est la carie des os[23]. »
- *L'absence de crainte du Seigneur* : « Mieux vaut peu, avec la crainte de l'Éternel, qu'un grand trésor, avec le trouble[24]. »
- *La paresse* : « L'âme du paresseux a des désirs qu'il ne peut satisfaire[25]. »
- *Le manque de planification* : « Celui qui agit avec précipitation n'arrive qu'à la disette[26]. »
- *La cupidité* : « L'amour de l'argent est une racine de tous les maux[27]. »

---

20. Matthieu 6.24 ; voir aussi Luc 18.18-30.
21. Matthieu 6.1-4.
22. Proverbes 22.7.
23. Proverbes 14.30 ; voir aussi Ecclésiaste 4.4 ; Romains 1.29.
24. Proverbes 15.16.
25. Proverbes 13.4 ; voir aussi 1 Timothée 5.8.
26. Proverbes 21.5 ; voir aussi Proverbes 15.21 ; 13.22 ; 19.15.
27. 1 Timothée 6.10 ; voir aussi 2 Rois 12.15-27 ; Actes 5.1-6.

- *La fausse doctrine* : « [...] croyant que la piété est une source de gain[28]. »
- *Ne pas donner aux autres ni donner la dîme* : « Un homme trompe-t-il Dieu ? Car vous me trompez, et vous dites : En quoi t'avons-nous trompé ? Dans les dîmes et les offrandes[29]. »
- *L'égoïsme* : « Vous demandez, et vous ne recevez pas, parce que vous demandez mal, dans le but de satisfaire vos passions[30]. »
- *Mettre son espoir dans la richesse* : « Parce que tu dis : Je suis riche, je me suis enrichi, et je n'ai besoin de rien[31]. »
- *Chercher la satisfaction dans la richesse* : « Celui qui aime l'argent n'est pas rassasié par l'argent[32]. »
- *Le parasitisme* : « Si quelqu'un ne veut pas travailler, qu'il ne mange pas non plus[33]. »
- *L'inquiétude* : « Ne vous inquiétez pas pour votre vie de ce que vous mangerez[34]. »
- *Le manque de vision* : « J'ai eu peur, et je suis allé cacher ton talent dans la terre[35]. »
- *La revendication* : « Un homme ne peut recevoir que ce qui lui a été donné du ciel[36]. »

Gagnez autant d'argent que vous en avez besoin. Gagnez-en plus si vous le pouvez. Toutefois, faites-le pour quelqu'un d'autre que vous-même, et rappelez-vous toujours que ce qui

---

28. 1 Timothée 6.3-5.
29. Malachie 3.8.
30. Jacques 4.3.
31. Apocalypse 3.17 ; voir aussi Luc 12.13-21 ; 1 Timothée 6.17-19 ; Jacques 5.1-3.
32. Ecclésiaste 5.9 ; voir aussi 4.8.
33. 2 Thessaloniciens 3.6-15 ; voir aussi 1 Jean 3.17,18.
34. Luc 12.22-34.
35. Matthieu 25.14-30.
36. Jean 3.27.

est authentiquement précieux ne se trouve qu'en Jésus[37]. J'ai constamment besoin de ce rappel. Lorsque je place le travail et l'argent au-dessus de la famille et de la foi, je suis reconnaissant de ce que Jésus me fait la grâce de m'amener à la repentance et aux vraies priorités. Que vous gagniez beaucoup ou peu, votre travail est précieux et significatif comme moyen d'adorer Jésus, mais pas comme moyen d'affirmer votre propre valeur.

---

37. Colossiens 3.3.

5

DÉPENSEZ-LE

« Gardez-vous avec soin de toute avarice. »
– Jésus[1]

J'ai grandi dans une famille de grands dépensiers. À la maison, nous appelions les cartes de crédit des « cartes d'argent gratuit » et, comme s'il s'était agi d'un rite de passage, j'ai obtenu ma propre carte dès que j'ai eu dix-huit ans. J'ai pris mon rectangle de plastique magique tout neuf, et j'ai filé tout droit chez le marchand d'électronique. Là, en moins d'une heure, j'ai dépensé le maximum autorisé sur ma carte, soit 500 dollars. Je ne me suis jamais senti aussi libre !

Mais, la semaine suivante, on a volé la stéréo de ma voiture, avec tous mes CD ; il y en avait pour au moins 700 dollars – la meilleure collection de *butt rock* que vous ayez jamais entendue ! J'étais très fâché, mais les choses se sont encore aggravées quelques semaines plus tard quand mon premier relevé de compte est arrivé dans le courrier. J'ai vite appris qu'en fin de compte, l'argent n'est pas gratuit et que, par conséquent, je n'étais pas aussi libre que je le pensais. Ma chaîne stéréo avait disparu, mais j'effectuais toujours les paiements, plus l'intérêt,

---

1. Luc 12.15.

et tout cela pour financer le plaisir que se donnaient certains voleurs pendant les embouteillages.

Tout comme la famille Munson autrefois, la dette fragilise des millions d'Américains. La dette moyenne attribuée aux cartes de crédit, par ménage qui en possède une, s'élevait à environ 7000 dollars en 2014[2]. La dette renouvelable moyenne pour chaque homme, femme, et enfant aux États-Unis, était d'environ 2700 dollars[3]. Nous employons notre carte de crédit lorsque nous commettons un impair dans notre planification ou que nous convoitons des choses que nous n'avons pas budgétisées. Ces dépenses semblent généralement anodines dans l'immédiat et nous trouvons facilement de bonnes raisons pour dépenser plus que nous n'avons :

- « C'est vraiment une bonne affaire. En fait, j'économise de l'argent. »
- « Je vais m'organiser pour dépenser moins le mois prochain afin de compenser les dépenses de ce mois-ci. »
- « Cet achat me permettra d'être plus efficace et plus productif. En fin de compte, je vais gagner plus d'argent. »
- « C'était une rude journée. Je mérite de me faire plaisir. »

Le livre des Proverbes déclare : « Celui qui emprunte est l'esclave de celui qui prête[4]. » Malgré cet avertissement, la tentation de dépenser, dépenser, dépenser, est si forte que beaucoup se mettent eux-mêmes les menottes autour des poignets. Les résultats d'une recherche publiée en 2013 « suggèrent que les jeunes générations pourraient continuer à cumuler des dettes

2. Fred O. Williams, « Average credit card debt statistics », CreditCards.com, 8 juillet 2013, < http://www.creditcards.com/credit-card-news/average-credit_card_debt-1276.php >.
3. « Consumer Credit, G.19, juillet 2014 », FederalReserve.gov, 8 septembre 2014, < http://www.federalreserve.gov/releases/g19/current/ >.
4. Proverbes 22.7.

sur leur carte de crédit jusqu'à l'âge de soixante-dix ans et mourir en devant encore de l'argent sur leur carte[5] ».

Les dépenses excessives de consommation non seulement entravent notre liberté, mais de plus affaiblissent notre capacité de donner, ce qui, par voie de conséquence, éloigne notre cœur de Jésus. Une sainte sagesse dans nos dépenses est importante non seulement parce qu'elle honore le Seigneur, mais aussi parce qu'elle nous préserve d'une vie de servitude vis-à-vis du dieu argent et de ses trésors terrestres.

Vous dépenserez beaucoup d'argent au cours de votre vie. Plutôt que de le fuir ou de lui succomber, vous devez apprendre à dépenser avec sagesse. Cela implique un changement de paradigme : passer des envies et *besoins* aux envies et *priorités*.

VOUS N'AVEZ PAS *BESOIN* DE BEAUCOUP

Air, nourriture et eau : c'est tout ce dont j'ai besoin.

Certains peuvent ajouter à cela le vêtement et l'abri, mais rien ne m'empêche de courir nu à travers les grands espaces et de me porter comme un charme. Il faudrait sans doute que je m'installe sous un climat plus doux et que j'apprenne à échapper aux autorités, mais ma vie ne s'arrêterait pas si je perdais soudain ma maison et si tous mes vêtements disparaissaient.

Nous classons souvent les désirs en catégories arbitraires telles qu'« envies » et « besoins » pour nous aider à décider comment dépenser notre argent. Cette façon de penser peut toutefois poser des problèmes. En matière d'achats et de possessions, presque rien ne correspond, en théorie, à un besoin. Par conséquent, toute tentative honnête de gérer vos désirs conduit à la culpabilité (*ma conscience ne me permet pas d'absorber autre chose que de l'eau du robinet et des vitamines*) ou à l'outrecuidance (*je ne cède pas à*

---

5. Jeff Grabmeier, « Credit card debt : Younger people borrow more heavily and repay more slowly, study finds », Phys.org, 14 janvier 2013, < http://phys.org/news/2013-01-credit-card-debt-younger-people.html >.

l'envie de produits de luxe tels que les cafés au lait, Netflix, et autres petits plaisirs). Vous allez voir un film, puis vous vous sentez mal à l'aise parce que ce n'est pas absolument nécessaire à votre survie ou vous renoncez totalement au cinéma. Vous tombez dans la suffisance et vous jugez alors ceux qui ne peuvent pas résister à la tentation d'aller voir le dernier *Batman*.

En outre, renoncer à ses envies revient à être centré sur un aspect négatif – l'ascétisme et le renoncement – plutôt qu'à mettre l'accent sur un aspect positif : Jésus et sa mission[6]. Si vous renoncez à un café au lait par semaine pour payer une dette ou donner davantage à votre Église, l'accent est mis sur vous et sur ce que vous ne devriez pas faire (vous offrir un café au lait) plutôt que sur Dieu et ce qu'il vous a appelé à faire.

L'autre problème avec les envies et les besoins, c'est que ma liste d'envies est vraiment très longue. J'ai envie de beaucoup de choses. Pour commencer :

- J'ai envie de porter des vêtements.
- J'ai envie d'avoir un toit sur la tête.
- J'ai envie d'acheter des choses pour ma famille.
- J'ai envie de conduire une voiture.
- J'ai envie de faire une sortie avec ma femme.
- J'ai envie d'un nouveau téléphone.
- J'ai envie de prendre des vacances.
- J'ai envie de recevoir nos amis pour le dîner.

La comparaison entre ma liste infinie d'envies et celle de mes besoins en trois points, teinte inévitablement ma perspective de culpabilité plutôt que de grâce. Au lieu d'embrasser l'œuvre accomplie par Jésus en ma faveur, je me mets à établir ma propre justice et je me demande : « À quelles envies dois-je renoncer pour être un meilleur chrétien ? Combien puis-je en conserver sans perdre entièrement toute sainteté ? »

---

6. Colossiens 2.20-23.

Cet état d'esprit renie implicitement l'Évangile et le remplace par une liste de règles à suivre pour alléger la culpabilité et la condamnation. Au nom de la sainteté, nous finissons par rejeter les bonnes choses que Dieu nous donne, parce que tout ce qui ressemble de près ou de loin à un plaisir ou l'idée même de s'accorder une satisfaction provoque le remords. Puisqu'en principe nous n'avons pas besoin de vacances, d'une terrasse ou d'un dîner aux chandelles, certains chrétiens en prennent leur parti et refusent de tels cadeaux par dévotion aveugle à l'austérité.

Je ne suis pas contre le discernement, l'autodiscipline ou la modération – un bon économe doit rechercher ces trois choses, mais si vous êtes habitué à toujours rejeter les bénédictions matérielles de Dieu parce qu'elles enfreignent certaines règles arbitraires, vous rejetez aussi, sans doute, la plénitude de sa bénédiction suprême : la grâce merveilleuse[7].

La vérité est que je suis un pécheur, un homme imparfait. J'ai en moi la capacité de tout gâcher, ce qui signifie que toute culpabilité et toute condamnation que je peux ressentir ne servent à rien – à moins qu'elles ne soient réglées une fois pour toutes, et c'est exactement ce que Jésus a fait. « Il n'y a donc maintenant aucune condamnation pour ceux qui sont en Jésus-Christ[8]. »

LE POUVOIR DE LA PRIORISATION

Puisque la Bible ne fait pas de distinction absolue entre besoins et désirs, il nous suffit de faire confiance à Dieu pour nos besoins[9] et d'être de bons économes pour tout ce qu'il met à notre

---

7. Colossiens 2.20 – 3.4; Romains 6.14.
8. Romains 8.1.
9. Luc 12.24,25 ; voir aussi 11.13. Nous pouvons lui faire confiance pour nos besoins parce que Dieu est un Père bienveillant et qui nous aime.

disposition[10]. La plupart des désirs ne sont pas intrinsèquement mauvais, mais ils n'ont pas de limites. Nos ressources, en revanche, sont limitées, ce qui implique qu'il nous faut établir des priorités.

« À l'Éternel la terre et ce qu'elle renferme[11] », ainsi tout désir qui n'implique pas la transgression des commandements peut être justifié. Par conséquent, nos priorités déterminent en réalité la manière dont nous passons notre temps, dépensons notre argent et notre énergie au quotidien. Jésus nous guide dans ces décisions par l'œuvre du Saint-Esprit, par la sagesse des Écritures et par la famille que constituent les croyants de l'Église. L'auteur et pasteur Bill Clem explique que nous suivons Jésus « à titre de porteurs rachetés de l'image de Dieu, d'adorateurs, de communauté et de missionnaires[12] ». Chacune de ces composantes du statut de disciple – identité, culte, communauté et mission – comporte les priorités données par Dieu, et ces priorités nous aident à hiérarchiser notre liste de besoins.

- *Donner la priorité à Jésus.* Notre identité se trouve dans la personne et l'œuvre de Jésus. Il est celui qui nous a créés, qui nous soutient, qui nous a sauvés et qui règne sur nous. Sans lui, nous sommes perdus, c'est pourquoi nous devons donner la priorité à notre relation avec lui, et vivre notre vie dans l'adoration de sa personne.
- *Donner la priorité aux relations humaines.* Nous avons été créés pour avoir besoin les uns des autres, pour nous aimer, nous servir et nous aider les uns les autres. Par conséquent, nous devons donner la priorité à nos relations avec les gens : notre famille, notre Église, nos amis et nos voisins.

---

10. Matthieu 25.21.
11. Psaumes 24.1.
12. Bill Clem, *Disciple : une identité fondée sur Jésus*, Éditions Cruciforme, Montréal, 2013, p. 55.

- *Donner la priorité à la mission.* Dieu nous a confié pour mission de faire des disciples[13], et il appelle ses disciples à participer à cette œuvre. Nous sommes chargés du message de Jésus[14], et nous proclamons son œuvre qui fait passer les êtres humains de la mort à la vie[15] ! Voilà pourquoi nous devons donner la priorité à l'Évangile, et utiliser nos ressources pour être en bénédiction aux autres, prendre soin des gens et partager l'Évangile avec ceux qui se trouvent dans notre cercle d'influence.

Une fois nos priorités alignées sur notre vie de disciple, nous pouvons commencer à évaluer nos besoins à la lumière de cette perspective et dépenser en conséquence.

TROIS MANIÈRES D'HONORER DIEU DANS NOS DÉPENSES

Trois considérations supplémentaires peuvent nous éclairer en ce qui a trait à une priorisation des dépenses qui honore Dieu.

1. Vivez en fonction de vos moyens

Les acheteurs compulsifs prennent des engagements qu'ils n'auront pas les moyens de tenir, comme moi avec ma malheureuse stéréo. Tout l'argent est parti avant même qu'ils touchent leur salaire. Un sondage mené en 2013 auprès de jeunes locataires a révélé que 75 pour cent de ces 18-24 ans ont des dépenses supérieures à leur revenu chaque mois[16]. Ceux qui dépensent ne sont

---

13. Matthieu 28.19 ; Actes 1.8.
14. 2 Corinthiens 5.20.
15. 2 Timothée 1.10.
16. Martha C. White, « Today's Young Adults Will Never Pay Off Their Credit Card Debts », *Business* (blog), *TIME*, 17 janvier 2013, < http://business. time.com/2013/01/17/todays-young-adults-will-never-pay-off-their-credit-carddebts/ >.

pas toujours des étudiants démunis. Des hommes d'affaires qui ont réussi, des athlètes professionnels et des gagnants à la loterie succombent souvent à la consommation impulsive.

Les individus qui dépensent beaucoup se retrouvent en difficulté parce qu'ils n'ont pas la capacité de maintenir le style de vie qu'ils ont choisi. Cela les conduit au stress et à la crainte, car leur foi est étouffée « par les soucis, les richesses et les plaisirs de la vie, et ils ne portent point de fruit qui vienne à maturité[17] ». Les dépenses excessives et l'endettement à la consommation sont tout à fait contraires à l'adoration d'un Dieu qui nous appelle à persévérer, à supporter et à porter « du fruit avec persévérance[18] ».

2. Ne soyez pas un thésauriseur

À l'autre extrémité du spectre, il y a les avares, les radins, et les grippe-sous. Ceux qui amassent cherchent à maximiser leurs économies. Comme les dépensiers, les thésauriseurs peuvent posséder des milliards ou des sommes modestes. Dans les deux cas, les thésauriseurs ne sont jamais satisfaits du montant de leur compte en banque. Ils le mettent bien à l'abri, par peur ou par égoïsme, constituant des actions financières pour les temps très, très difficiles.

Je ne suis pas contre les économies, les fonds d'urgence ou les investissements. D'ailleurs, nous aborderons ces sujets dans les chapitres suivants. Cependant, les thésauriseurs mettent leur foi dans l'argent comme bouée de sauvetage, filet de sécurité, système de contrôle et comme sauveur. Ils sont obsédés par l'argent, ils l'amassent et l'enterrent au lieu d'en faire un outil productif. Or, cet outil pourrait grandement profiter à beaucoup d'autres gens, sans parler du fait d'en jouir comme d'un don gracieux venant de Dieu.

---

17. Luc 8.14.
18. Luc 8.15.

Jésus raconte l'histoire de trois serviteurs qui ont chacun reçu une somme d'argent de leur maître avant qu'il parte quelque temps. Lorsqu'il revient, il découvre que deux des serviteurs ont fait fructifier l'argent qui leur a été confié, en en doublant la valeur de départ. Le troisième serviteur, lui, retourne la somme inchangée. « J'ai eu peur, et je suis allé cacher ton talent dans la terre[19]. » Le maître est furieux et jette le serviteur inutile « dans les ténèbres du dehors[20] ».

Dieu ne nous donne pas de l'argent pour que ce dernier prenne sa place. Il ne nous donne pas de l'argent pour que nous puissions regarder croître notre magot dissimulé sous le matelas. Dieu nous donne de l'argent pour que nous l'utilisions. La tentation de dépenser est forte pour beaucoup de gens, mais cela ne signifie pas que nous ne devrions pas dépenser du tout. Comme le sexe, le manger et le boire, ou tout autre don de Dieu, il est possible d'utiliser l'argent fidèlement pour en tirer le meilleur parti possible.

3. Gardez-vous de la convoitise

Tout comme la gratification immédiate recherchée dans les dépenses excessives, la convoitise est largement acceptée dans notre culture, et elle est même considérée comme une qualité. Le défunt Christopher Hitchens, écrivain et athée notoire, a qualifié le commandement *Tu ne convoiteras point* comme étant « le plus discutable des commandements ». Son hypothèse ? « L'envie n'est-elle pas le grand ressort de l'émulation et de la concurrence[21] ? »

---

19. Matthieu 25.25.
20. Matthieu 25.30.
21. Christopher Hitchens, « The New Commandments », *Vanity Fair* [La foire aux vanités,], avril 2010, < http://www.vanityfair.com/culture/features/2010/04/hitchens-201004 >. Le livre de l'Ecclésiaste fait la même observation et appelle ce genre de concurrence « vanité et poursuite du vent » (Ec 4.4).

Bien qu'il y ait une différence entre saine ambition[22] et convoitise, qui est une idolâtrie[23], la cupidité et l'envie sont les composantes inévitables d'une économie de consommation, ou de toute économie qui va dans ce sens. Le rêve américain est devenu une grande fête de la convoitise qui vide le porte-monnaie du consommateur. Voilà dans quelles eaux nous nageons. Nous sommes déjà trempés et, à moins que nous ne prenions garde aux paroles de Jésus : « Gardez-vous avec soin de toute avarice[24] », nous nous noierons et entraînerons avec nous nos familles, nos Églises et nos communautés. La grande récession qui a commencé en 2008 était à bien des égards le résultat direct de la convoitise de toute une nation.

La tentation de posséder toujours plus ne disparaîtra jamais, mais en nous y complaisant, nous courons un risque important. À vrai dire, certains « en étant possédés, se sont égarés loin de la foi, et se sont jetés eux-mêmes dans bien des tourments[25]. » La solution de rechange ? « C'est, en effet, une grande source de gain que la piété avec le contentement ; car nous n'avons rien apporté dans le monde, et il est évident que nous n'en pouvons rien emporter[26]. »

Ce contentement exige l'œuvre surnaturelle du Saint-Esprit, tout particulièrement pour nous, qui vivons dans l'abondance de l'Occident. Un bon point de départ est la prière qui se trouve dans Proverbes 30.8,9 :

> Ne me donne ni pauvreté, ni richesse, accorde-moi le pain qui m'est nécessaire, de peur que, dans l'abondance, je ne te renie et ne dise : Qui est l'Éternel ? Ou que, dans la pauvreté, je ne dérobe, et ne m'attaque au nom de mon Dieu.

---

22. Voir Dave Harvey, *Secourir l'ambition*, Montréal, Éditions Cruciforme, 2014.
23. Colossiens 3.5.
24. Luc 12.15.
25. 1 Timothée 6.10.
26. 1 Timothée 6.6,7.

Si vous êtes sur le point de faire des dépenses, souvenez-vous de ces principes : contentement, modération et générosité, et ressaisissez-vous. Faites une sortie agréable avec votre femme. Faites des projets de vacances pour la famille. Effectuez des rénovations dans la maison. Organisez une soirée. «Il y a lieu de célébrer régulièrement les généreux, et parfois même somptueux, dons matériels de Dieu[27].» Si nous nous laissons guider par le Saint-Esprit et par la Parole, il est possible de dépenser de l'argent d'une manière qui n'est ni égoïste, ni frivole ni pécheresse, et d'une manière qui honore même Dieu.

DIEU VOUS APPELLE-T-IL À ACHETER UN TÉLÉVISEUR À ÉCRAN GÉANT ?

Pour mieux saisir comment il est possible de dépenser de l'argent dans un esprit de piété, donnons une illustration. Doug est un disciple de Jésus qui a de nombreux amis non chrétiens. Doug désire acheter un beau grand téléviseur neuf pour des tas de raisons : certaines sont louables et d'autres tout à fait superficielles. En effet, il a l'intention d'inviter ses copains à assister aux émissions sportives, afin de construire des relations, de leur offrir l'hospitalité, et d'attirer leur attention sur Jésus. Cependant, Doug pense aussi que le fait de posséder un bon système audiovisuel serait un excellent moyen de se relaxer. Ce serait un truc génial dont il pourrait profiter également quand il est seul.

Doug a-t-il raison de vouloir débourser 2000 dollars pour installer ce système électronique chez lui?

Il est facile pour des chrétiens légalistes de condamner en bloc tout ce qui coûte beaucoup d'argent et empêche ainsi de poursuivre des buts «plus nobles». Certains ont même utilisé cet argument pour critiquer Jésus[28]. D'autre part, il est également

27. Craig Blomberg, *op. cit.* ; voir aussi : Jean 2.1-11 ; 15.23 ; Marc 14.3.
28. Matthieu 26.8,9.

facile pour les chrétiens d'évoquer la liberté en Christ pour justi-fier un comportement égoïste, destructeur, et ainsi de faire de telle ou telle chose une priorité alors qu'elle ne devrait pas l'être. Si Doug peut payer ce téléviseur sans avoir à s'endetter, sans compromettre sa capacité à pourvoir aux besoins de sa famille, sans en faire un trophée, et sans cesser de donner avec générosité, alors Doug peut sans doute acheter un téléviseur.

Si Doug réfléchissait selon une perspective d'envies et de besoins, jamais il n'achèterait le téléviseur à écran géant. Ou il l'achèterait et se sentirait ensuite mal à l'aise de dépenser son argent à quelque chose de si frivole. En réalité, il existe des Doug qui achètent leur écran géant, en profitent, et l'utilisent même pour leur ministère, et ce, sans se sentir aucunement coupables. Amen! D'autres Doug, par contre, doivent s'en tenir aux prio-rités supérieures avant de passer aux articles chers qui figurent sur leur liste.

Comme tous les aspects de la gestion des biens, dépenser de l'argent est, pour le chrétien, un acte de piété provenant d'un cœur transformé – et non pas une simple liste de choses à faire ou à ne pas faire. La Bible nous donne la liberté, pas une liste de contrôle. Et cette liberté nous pousse à recourir au Saint-Esprit pour recevoir le discernement et la sagesse. «Car tout ce que Dieu a créé est bon, et rien ne doit être rejeté, pourvu qu'on le prenne avec actions de grâces, parce que tout est sanctifié par la parole de Dieu et par la prière[29]. »

---

29. 1 Timothée 4.4,5.

6

ÉCONOMISEZ-LE

« Ce que tu as préparé, pour qui sera-ce ? »
– Dieu[1]

Êtes-vous un riche insensé ?

Cela semble dur, je sais. Pensez toutefois à l'histoire que Jésus raconte à propos d'un homme riche qui a très bien réussi dans la gestion de son entreprise, en l'occurrence, l'agriculture. Les récoltes de cet homme ont dépassé toutes les attentes tant les quantités étaient grandes, au point que l'infrastructure existante ne pouvait les contenir. L'homme avait littéralement une si grande abondance de bien qu'il ne savait qu'en faire. De notre point de vue moderne, la solution qu'il trouve semble être tout ce qu'il y a de plus raisonnable : «Voici, dit-il, ce que je ferai : j'abattrai mes greniers, j'en bâtirai de plus grands, j'y amasserai toute ma récolte et tous mes biens ; et je dirai à mon âme : Mon âme, tu as beaucoup de biens en réserve pour plusieurs années ; repose-toi, mange, bois, et réjouis-toi[2]. »

Malheureusement, l'homme a négligé de prendre en compte un paramètre important : Dieu. Le Seigneur écoute le fermier

---

1. Luc 12.20.
2. Luc 12.18,19.

exposer sa stratégie et répond : « Insensé ! cette nuit même ton âme te sera redemandée ; et ce que tu as préparé, pour qui sera-ce[3] ? »

Après avoir travaillé dur pour s'offrir la belle vie, l'homme riche meurt avant même d'avoir pu jouir du fruit de son travail. Il est difficile de ne pas sympathiser avec ce pauvre homme. De toute évidence, il a tout gâché, et pourtant son erreur soulève une foule de questions sur la manière de gérer son avoir. Jésus nous offre cet exemple pour nous instruire davantage concernant le point de vue de Dieu sur l'argent, et plus particulièrement l'épargne.

L'ÉPARGNE N'EST PAS UN PÉCHÉ

Nous vivons dans un monde de dépenses imprévues : réparation de voiture, assurance maladie, longévité sans précédent laquelle se termine généralement par d'importantes factures médicales en fin de vie. Pour compliquer encore les choses, notre société a compromis, sapé et dévalué les filets de sécurité traditionnels que sont la famille et la communauté. Dans ce contexte, il serait insensé – et dangereux – de rejeter complètement l'épargne. La leçon à tirer de l'histoire du riche insensé n'est pas « ne faites pas d'économies ». En fait, la Bible donne de nombreuses directives sur la façon d'économiser en prévision de l'avenir, et cela d'une manière qui honore Dieu.

1. Travaillez dur pour économiser et préparer l'avenir.

Comme nous en avons discuté dans les chapitres précédents, une sainte gestion de ses biens implique que l'on travaille pour économiser de l'argent et que l'on ait un plan pour bien utiliser cet argent. La parabole du riche insensé n'est pas un encouragement à gérer nos finances à l'aveuglette ou à laisser l'argent nous glisser entre les doigts dès qu'on en a un peu. Au contraire, la

---

3. Luc 12.20.

Bible fait l'éloge de la planification à long terme, tout particulièrement dans le livre des Proverbes :

- « Va vers la fourmi, paresseux ; considère ses voies, et deviens sage […] Elle prépare en été sa nourriture, elle amasse pendant la moisson de quoi manger[4]. »
- « La richesse mal acquise diminue, mais celui qui amasse peu à peu l'augmente[5]. »
- « Les projets de l'homme diligent ne mènent qu'à l'abondance, mais celui qui agit avec précipitation n'arrive qu'à la disette[6]. »
- « Soigne tes affaires au-dehors, mets ton champ en état, puis tu bâtiras ta maison[7]. »

2. Placez votre confiance en Dieu, pas dans vos économies.

L'erreur du riche insensé n'est pas d'avoir essayé de planifier l'avenir, mais d'avoir eu une perspective présomptueuse et égocentrique sur l'avenir. Il se comporte comme un propriétaire et non comme un bon économe, puisqu'il croit, comme beaucoup d'entre nous, qu'il contrôle vraiment les événements qui surviennent ainsi que le déroulement de sa vie. En d'autres termes, son péché est l'orgueil. Ce diagnostic est clairement posé dans l'épitre de Jacques :

> À vous maintenant, qui dites : Aujourd'hui ou demain nous irons dans telle ville, nous y passerons une année, nous trafiquerons, et nous gagnerons ! Vous qui ne savez pas ce qui arrivera demain ! car, qu'est-ce que votre vie ? Vous êtes une vapeur qui paraît pour un peu de temps, et qui ensuite disparaît […] Mais maintenant vous

---

4. Proverbes 6.6,8.
5. Proverbes 13.11.
6. Proverbes 21.5.
7. Proverbes 24.27.

vous glorifiez dans vos pensées orgueilleuses. C'est chose mauvaise de se glorifier de la sorte[8].

En contraste, la Bible donne d'autres exemples d'hommes riches, toutefois humbles, qui ont dû faire face à des calamités inattendues, lesquelles ont chamboulé leurs plans les mieux échafaudés. Ainsi, Job semblait avoir la situation bien en main avant que Dieu ne permette à Satan de tout lui prendre, y compris ses dix enfants et tout ce qu'il possédait. Pendant 40 chapitres, Job se lamente sur sa vie tragique, mais il finit par accepter que malgré son grand pouvoir temporel et son rang social élevé, il n'est qu'un simple homme et non un dieu omnipotent. « L'Éternel a donné, et l'Éternel a ôté, dit Job. Que le nom de l'Éternel soit béni[9] ! » Job aurait certainement préféré une vie prospère à une vie ruinée, mais la prospérité n'était ni son dieu ni son sauveur.

Un autre exemple est donné sous forme de parabole lorsque Jésus raconte l'histoire de deux hommes qui construisent leur maison. L'un construit sur le roc et l'autre construit sur le sable. Les deux traversent de sévères tempêtes, et seule la maison bâtie sur le roc tient ferme. Quelle est la différence ? Jésus dit : « Quiconque entend ces paroles que je dis, et ne les met pas en pratique, sera semblable à un homme insensé qui a bâti sa maison sur le sable[10]. » Toutes nos économies, nos préparatifs et nos plans ne sont rien si ces choses transitoires remplacent Dieu comme fondement de notre vie et de notre espérance.

3. Économisez sans angoisser.

Économisez dans un esprit de prudence et de sagesse financière, et non par anxiété et peur du lendemain[11]. Dieu ne nous oblige pas à faire des économies, mais il nous demande solennellement

---

8. Jacques 4.13,14,16.
9. Job 1.21.
10. Matthieu 7.26.
11. Luc 12.22-34.

de lui faire confiance, car lui seul peut vraiment nous procurer ce dont nous avons besoin, dès maintenant et jusque dans l'éternité.

4. Économisez dans une perspective divine.

Le riche insensé a amassé pour son propre plaisir. Ici encore, Jacques emploie des mots très forts pour décrire ce genre de stratégie. « Vous avez amassé des trésors dans les derniers jours ! », dit-il à ceux qui ont accumulé des richesses iniques. « Vous avez vécu sur la terre dans les voluptés et dans les délices, vous avez rassasié vos cœurs au jour du carnage[12]. »

Dieu n'a aucune tolérance pour les efforts de ceux qui cherchent à créer leur propre ciel sur la terre par le confort, la sécurité financière et les plaisirs raffinés. Une telle approche égoïste nous rend insensibles aux soucis et aux préoccupations du monde que nous sommes appelés à aimer et à servir, car un « cœur chargé d'embonpoint » est fermé à toute empathie. Et de plus, nous nous trouvons sur du sable mouvant quand notre espoir réside dans les choses créées et non dans le Dieu créateur[13]. Il est vital pour nous de faire la distinction entre l'appréciation des dons de Dieu dans l'adoration, et l'adoration de ses dons pour notre seule satisfaction.

Si votre but, en faisant des économies, est uniquement d'accroître votre richesse, vous tomberez probablement « dans la tentation, dans le piège, et dans beaucoup de désirs insensés et pernicieux qui plongent les hommes dans la ruine et la perdition[14]. » L'apôtre Paul offre une alternative au luxe raffiné. Il invite les riches à utiliser leurs ressources afin de « faire du bien, d'être riches en bonnes œuvres, d'avoir de la libéralité, de la générosité[15]. »

---

12. Jacques 5.3,5,6.
13. Romains 1.25.
14. 1 Timothée 6.9.
15. 1 Timothée 6.18, voir 5.8.

« Le peuple de Dieu peut parfois disposer de très grandes richesses, écrit Craig Blomberg, mais, en leur dispensant de telles richesses, le but principal de Dieu est qu'ils les partagent avec ceux qui sont dans le besoin[16]. » Le riche insensé a considéré sa richesse comme étant la sienne, et non comme un don de Dieu. Le jour où il est mort, il a tout perdu. Toutefois, ceux qui se préoccupent des autres donnent, économisent et dépensent pour honorer Dieu, et ce faisant, ils deviennent riches pour lui. Lorsqu'ils mourront, ils gagneront tout[17]. La générosité constitue l'investissement ultime, comme nous allons le voir dans les chapitres suivants.

NOUS NE SOMMES PAS FAITS POUR LA RETRAITE

Le scénario du riche insensé ressemble affreusement à notre notion contemporaine de la retraite. Qu'est-ce qu'un sage économe vieillissant peut bien avoir à faire de la retraite ?

Le mot « retraite » ne se trouve pas dans la Bible, mais après avoir économisé fidèlement toute votre vie, ce n'est pas une mauvaise chose, le moment venu, de quitter votre emploi. À condition, bien sûr, que vos années de retraite soient consacrées à vivre pour Jésus, et pas seulement à jouir de votre petit confort et à prendre vos aises. En fait, ce changement pourrait être un riche cadeau si vous consacrez le temps ainsi disponible à votre famille, à mettre vos dons au service des autres, et à aider ceux que Dieu place sur votre chemin.

Ce n'est pas péché d'apprécier une bonne partie de golf, une bonne sieste et autres bonnes choses que Dieu nous accorde à certains moments de la vie. Cependant, il ne nous a pas créés pour que nous passions en pilotage automatique à l'âge de soixante-cinq ans. Comme nous l'avons vu au chapitre quatre,

---

16. Craig Blomberg, *op. cit.*
17. Colossiens 3.1-4.

le travail est un don de Dieu, Adam lui-même avait un travail : il cultivait et gardait le jardin d'Éden[18]. Même si le travail devint un pénible labeur après la chute[19], cela ne change rien au fait que nous avons été conçus pour travailler, achever la course[20] et glorifier Dieu en agissant ainsi[21]. Les caractéristiques du travail, cependant, changeront avec notre âge, notre niveau d'énergie et nos besoins financiers.

Prenons l'exemple de Rick Warren. Après avoir écrit l'un des plus grands succès de librairie de toute l'histoire[22], il décide de prendre sa retraite en tant que pasteur de l'Église de Saddleback, qu'il a lui-même fondée, une assemblée de plus de 20 000 personnes. « J'aurais pu acheter une île, dit-il, et me faire servir du thé glacé et des petits biscuits le reste de mes jours. » Le pasteur Rick a plutôt décidé de rembourser son salaire de vingt-cinq années de ministère et il poursuit son travail à Saddleback à titre de bénévole. Il donne maintenant plus de 90 pour cent de ses revenus[23].

Nous n'aurons jamais, pour la plupart, à nous inquiéter de ne savoir que faire de sommes d'argent inhabituelles. Cependant, une bonne gestion de l'argent n'a sans doute pas grand-chose à voir avec la quantité, mais beaucoup à voir avec le cœur. Vous n'avez pas besoin de grandes quantités d'argent pour être aussi généreux que Rick Warren ou aussi peu clairvoyant que le riche insensé. Ce que nous pouvons donner, économiser et dépenser variera selon les saisons de la vie. Nous ne pouvons pas toujours

---

18. Genèse 2.15.

19. Genèse 3.17-19.

20. 1 Corinthiens 9.24-17.

21. 1 Corinthiens 10.31.

22. Rick Warren, *Une vie motivée par l'essentiel*, édition revue et augmentée, Ourania, 2014. PurposeDrivenLife.com, « About The Author », < http://www.purposedrivenlife.com/en-US/AboutUs/AboutTheAuthor/AboutTheAuthor.htm > (page consultée le 10 octobre 2010).

23. Rick Warren, « Radical Generosity », (conférence, Saddleback Church, Lake Forest, Californie, 12 février 2010).

faire autant que nous voudrions, mais n'en faites pas une excuse pour renoncer à tout zèle. Priez et planifiez afin de parvenir à une amélioration durable et afin de progresser à long terme.

Pour paraphraser l'auteur et pasteur Randy Alcorn, Dieu vous accorde la retraite non pour augmenter votre niveau de vie, mais pour augmenter votre niveau de dons[24]. Si vous économisez en vue de quelque chose, quelle que soit cette chose, n'oubliez pas d'être «riche pour Dieu» et d'amasser des trésors pour le ciel, et non d'amasser des trésors pour vous-même[25].

---

24. Randy Alcorn, *Le principe du trésor*, Marpent, BLF Éditions, 2008, 139 p.
25. Luc 12.21.

INVESTISSEZ-LE

« Faites-vous des bourses qui ne s'usent point, un trésor inépuisable dans les cieux, où le voleur n'approche point, et où la teigne ne détruit point. »
— Jésus[1]

Et si je vous parlais d'un investissement qui rapporte tellement que vous n'auriez plus jamais de soucis d'argent ? En fait, le retour sur votre investissement serait suffisant pour combler toutes vos aspirations et tous vos désirs les plus profonds. Et si je vous disais que je tiens ce tuyau de quelqu'un qui ne s'est jamais trompé ?

Où est le piège ? Comme pour tout investissement, celui-ci est assorti d'un risque proportionnel à la récompense : vous investissez en donnant votre argent, et la totalité des bénéfices ne vous sera versée qu'après votre décès.

LE MESSAGE ÉTERNEL

Jésus dit que nous pouvons gagner un trésor dans le ciel en consacrant notre temps, notre énergie, notre argent et nos compétences à chercher le royaume de Dieu. C'est le contraire de la façon dont

---

1. Luc 12.33.

le monde opère. « Car toutes ces choses, dit Jésus, en parlant des possessions matérielles, ce sont les païens du monde qui les recherchent. Votre Père sait que vous en avez besoin. Cherchez plutôt le royaume de Dieu ; et toutes ces choses vous seront données par-dessus[2]. »

Dieu est bon et ce qu'il fait est bon, dans les cieux et sur la terre. Lorsque Jésus nous dissuade d'amasser des trésors terrestres, il ne veut pas dire que l'argent et les possessions sont mauvais, mais seulement qu'ils ne durent pas.

Gardez votre trésor ici-bas et vous finirez par le perdre, parce qu'ici, « la teigne et la rouille détruisent […] et les voleurs percent et dérobent[3] ». Distribuez votre trésor, au contraire, et vous ne le perdrez jamais. Tout comme le salut pour ceux qui aiment Jésus, votre trésor sera gardé là « où le voleur n'approche point, et où la teigne ne détruit point[4] ». Randy Alcorn appelle cette vérité « le principe du trésor » : vous ne pouvez pas l'emporter avec vous, mais vous pouvez l'expédier à l'avance[5].

« Jésus ne fait pas appel à nos émotions, explique Alcorn, mais bien à notre logique : investissez dans ce qui a une valeur éternelle […] Tout trésor accumulé sur la terre restera derrière nous lorsque nous la quitterons. Tout trésor accumulé au ciel y attend d'ores et déjà notre arrivée[6]. »

EN QUOI CONSISTE LE « TRÉSOR DANS LE CIEL » ?

La Bible ne sous-estime pas le fait que le ciel contient de grandes récompenses, et que l'éternité consistera, ultimement, en une existence physique comblée de tout ce qu'il y a de meilleur. L'apôtre Paul, après une rencontre avec Jésus qui l'a complètement

---

2. Luc 12.30,31.
3. Matthieu 6.19.
4. Luc 12.33.
5. Randy Alcorn, *op. cit.*
6. *Ibid.*, p. 21, 23.

transformé, a passé le reste de sa vie à investir dans ce qui est éternel. « Car pour moi, je sers déjà de libation, et le moment de mon départ approche », écrit-il vers la fin :

> J'ai combattu le bon combat, j'ai achevé la course, j'ai gardé la foi. Désormais, la couronne de justice m'est réservée ; le Seigneur, le juste juge, me la donnera dans ce jour-là, et non seulement à moi, mais encore à tous ceux qui auront aimé son avènement[7].

Pierre attendait aussi avec impatience « un héritage qui ne peut ni se corrompre, ni se souiller, ni se flétrir ; il vous est réservé dans les cieux[8] ». Cet héritage attend tous ceux qui ont été « régénérés, pour une espérance vivante, par la résurrection de Jésus-Christ d'entre les morts[9]. »

Outre les trésors – salut et vie éternelle – dont jouissent tous les croyants, la Bible promet qu'il y aura au ciel d'autres récompenses qui seront attribuées en fonction de la manière dont nous nous conduisons sur la terre[10]. La promesse d'un trésor devrait servir d'encouragement – et même d'incitation – pour les chrétiens à persévérer. « Mais je traite durement mon corps et je le tiens assujetti, dit Paul, de peur d'être moi-même désapprouvé après avoir prêché aux autres[11]. »

Étant donné qu'aucun d'entre nous n'est allé au paradis, miser sur cet investissement exige une foi surnaturelle que seul le Saint-Esprit peut donner. Personne ne peut dire de quelle manière concrète le trésor sera réparti ni quelle sera la nature précise de ces récompenses mystérieuses. Nous en avons un indice cependant : le fait que Dieu sera là. « Compte tenu de la puissance infinie de Dieu, de sa sagesse et de sa beauté, dit le pasteur John Piper, [...] que pourrait nous donner Dieu qui

---

7. 2 Timothée 4.6-8.
8. 1 Pierre 1.4.
9. 1 Pierre 1.3.
10. Matthieu 6.6,18 ; Luc 6.23,35 ; 1 Corinthiens 3.14.
11. 1 Corinthiens 9.27.

nous prouve le plus qu'il nous aime ? Il n'y a qu'une seule réponse possible : lui-même[12] !» Lui seul peut satisfaire la soif de bonheur qui est au fond de notre cœur.

Mais si nous donnons pour recevoir quelque chose en retour n'est-ce pas de l'égoïsme ? Quelle différence cela fait-il si la récompense est renvoyée à l'autre vie ? Là-dessus, Piper émet également quelques commentaires utiles :

> La raison qui fait que notre générosité envers autrui n'est pas un amour factice quand nous sommes motivés par le désir de jouir de ce que Dieu a promis est que nous désirons sincèrement entraîner les autres à partager notre récompense. Nous savons que dans le ciel notre joie sera plus grande si les gens que nous traitons avec miséricorde sont conquis par la valeur insurpassable du Christ, et se joignent à nous pour le célébrer [...]
>
> Nous manquerions d'amour si nous recherchions notre bonheur au détriment de celui des autres. Si notre propre quête inclut la recherche du bonheur d'autrui, comment pourrait-elle être taxée d'égoïsme ? Comment pourrais-je aimer moins si ma soif de Dieu me pousse à renoncer aux biens terrestres dans le but de voir ma joie en lui se doubler de votre présence à mes côtés dans une louange commune[13] ?

Lorsque le chrétien donne dans le but d'avoir plus pleinement part à la communion avec Dieu, tout le monde est gagnant. À cause de notre condition de pécheurs, il est difficile de comprendre que, lorsque nous donnons, il est sain de désirer quelque chose en retour. Toutefois, songez à l'alternative, et vous verrez que tout cela est logique. John Piper, de nouveau, déclare :

> Au contraire, c'est celui qui s'approche de Dieu avec la pensée de lui donner quelque chose au lieu de recevoir de lui, qui se place au-dessus de Dieu. Sous l'apparence du renoncement à soi, il se

---

12. John Piper, *Prendre plaisir en Dieu : réflexions d'un hédoniste chrétien*, Éditions La Clairière, 2000, p. 30.
13. *Ibid.*, p. 157.

pose en bienfaiteur de Dieu, comme si le monde et tout ce qu'il contient n'appartenaient pas déjà à Dieu (Ps 50.12)! [...] Vous ne pouvez plaire à Dieu si vous ne vous approchez pas de lui pour être récompensés! (Hé 11.6) [...] Il est lui-même notre incommensurable récompense! Il y a d'abondantes joies devant sa face, des délices éternelles à sa droite (Ps 16.11)[14].

Il est encourageant aussi de se rappeler que cette récompense incommensurable ainsi que tous les trésors du ciel sont également accessibles à tous. La somme que vous donnez n'a aucune importance. L'important, c'est la générosité en raison de ce que la personne «a à sa disposition, et non de ce qu'elle n'a pas[15].» C'est ainsi qu'une vieille femme qui n'a que deux sous peut donner plus que n'importe quel riche[16].

Dieu nous demande de vivre généreusement avec ce que nous avons. Non avec ce que nous n'avons pas ni avec ce que possèdent nos voisins. La portée d'un tel enseignement est intensément personnelle, et vise droit au cœur.

L'ENTRAÎNEMENT CÉLESTE COMMENCE TOUT DE SUITE

L'argent obéit au cœur. Le cœur obéit à l'argent. Plus vous investissez – argent, temps, énergie – dans la mission que vous confie Jésus sur la terre, plus vous soupirez après le moment où vous en verrez concrètement le fruit lorsque Jésus reviendra. Le fait de donner généreusement vous obligera à prendre vos distances de ce qui pourrait autrement devenir un objet d'adoration sur lequel vous seriez tenté de vous appuyer et auquel vous vous accrocheriez. Ce genre de choses pourrait étouffer[17] l'espérance suscitée

---

14. *Ibid.*, p. 67, 73.
15. 2 Corinthiens 8.12.
16. Luc 21.3,4.
17. Luc 8.14.

par la grande promesse de Jésus : «Votre Père a trouvé bon de vous donner le royaume[18]. »

Dans le livre de l'Apocalypse, Jean évoque la scène céleste du royaume de Dieu dans sa plénitude. On assiste à une célébration commune, en présence de Dieu, de son peuple pardonné, racheté et justifié par Jésus :

> Et j'entendis comme la voix d'une foule nombreuse, comme un bruit de grosses eaux, et comme un bruit de forts coups de tonnerre, disant : Alléluia! Car le Seigneur notre Dieu Tout-Puissant est entré dans son règne. Réjouissons-nous, soyons dans l'allégresse, et donnons-lui gloire; car les noces de l'Agneau sont venues, son épouse s'est préparée, et il lui a été donné de se revêtir d'un fin lin, éclatant, pur [...]
>
> Heureux ceux qui sont appelés au festin des noces de l'Agneau[19] !

Il s'agit de l'accomplissement ultime de la promesse de Jésus : «Ne vous inquiétez pas pour votre vie de ce que vous mangerez, ni pour votre corps de quoi vous serez vêtus[20]. » À la fin, nous aurons le vêtement en abondance, éclatant et pur. Nous aurons de même la nourriture en abondance aux noces de Jésus. Malgré le fait que nous aurons «des tribulations dans le monde[21] », Dieu finira par honorer sa parole en nous donnant tout ce dont nous avons besoin et bien plus, concrètement et pour toujours.

Ce trésor céleste peut sembler appartenir à un avenir lointain, mais aujourd'hui nous avons le pardon des péchés. Aujourd'hui, nous avons le don gratuit de la grâce. Aujourd'hui, nous avons le Saint-Esprit. Déjà, «le royaume de Dieu est venu vers vous[22] » et bien que ne soit pas encore venu le temps des noces de l'Agneau, le compte à rebours a commencé, et l'invitation qui nous est

---

18. Luc 12.32.
19. Apocalypse 19.6-9.
20. Luc 12.22.
21. Jean 16.33.
22. Luc 11.20.

lancée pourrait survenir à tout moment. En attendant, notre grand privilège, notre grande mission, notre grande joie et notre grand trésor, c'est d'inviter d'autres personnes à la fête, de tout miser sur cet investissement qui met fin à tous les autres.

TROP BEAU POUR ÊTRE VRAI ?

Amasser des trésors dans le ciel et devenir riche pour Dieu exige que l'on soit patient et que l'on accepte d'attendre pour jouir des retombées – notions peut-être risibles à l'époque de Google, mais excellente pratique en matière d'investissement. Cela en vaut-il la peine ? Est-ce bien vrai ?

Par la foi, le mieux que je puisse dire est… je pense que oui. Mais je suis absolument sûr d'une chose, c'est que la vie telle que nous la connaissons se terminera un jour par la mort, et tout ce que nous aurons investi dans ce monde, nous le laisserons derrière nous. Le ciel semble être un endroit beaucoup plus sûr, plus rentable pour y investir mon argent, mais vous n'êtes pas obligé de vous fier à ma parole. Écoutez plutôt Jésus : « Le royaume des cieux est encore semblable à un trésor caché dans un champ. L'homme qui l'a trouvé le cache ; et, dans sa joie, il va vendre tout ce qu'il a, et achète ce champ[23]. »

Les possibilités sont à la fois exaltantes et redoutables, et ne pensez pas être à l'abri de tous risques si vous restez entre les deux. « Néanmoins, écrit Edward Welch, le tout ou rien constitue la règle d'investissement en ce qui concerne le royaume de Dieu. Les paris protégés ne se pratiquent que dans le royaume terrestre – royaume où "le mien" est écrit partout. Tout doit être placé sur un compte ou sur l'autre[24]. » Comme Jésus l'a dit : « Celui qui cherchera à sauver sa vie la perdra, et celui qui la perdra la retrouvera[25]. »

---

23. Matthieu 13.44.
24. Edward T. Welch, *op. cit.*, p. 163 (trad. libre).
25. Luc 17.33.

Inévitablement, il nous arrivera de flancher et de commettre des erreurs en cours de route. Nous « achèterons à la hausse et vendrons à la baisse », quel que puisse être l'équivalent spirituel de cette gaffe. « Nous confessons que nous investissons encore dans les deux royaumes à la fois, dans l'espoir de minimiser nos risques », comme le dit Welch[26].

Heureusement, notre Dieu est plus riche en grâce et en pardon que n'importe quel administrateur ou PDG. Et la générosité est le moyen d'amasser des trésors dans le ciel, pas un moyen d'y entrer. Jésus est le seul moyen par lequel nous pouvons être partie prenante dans cette affaire. Il nous faut déjà recevoir le don généreux de sa grâce et de son pardon, ensuite seulement notre investissement sera comptabilisé.

DONNEZ CE QUE VOUS NE POUVEZ GARDER

En 1956, un missionnaire chrétien nommé Jim Elliot a été tué à coups de lance dans la jungle d'Amérique du Sud alors qu'il exerçait son ministère envers une tribu indigène violente. Quatre de ses collègues sont également morts au cours de la même attaque. Ces hommes étaient armés de fusils, cependant ils ont préféré mourir plutôt que tirer sur des individus au service desquels Dieu les avait appelés.

Jim avait vingt-huit ans à l'époque, et il a laissé derrière lui une femme et une petite fille. Sa mort fut une véritable tragédie. Si nous nous plaçons dans une perspective conventionnelle, tout cela était insensé. Après tout, cet homme s'est délibérément placé dans une situation de danger extrême et il en a subi la conséquence naturelle. Mais Jim était tout à fait conscient de cette éventualité et il s'est tout de même sacrifié de plein gré. À la date du 28 octobre 1949, dans son journal, il évoque la raison de son

---

26. Edward T. Welch, *op. cit.*, p. 163 (trad. libre).

attitude. Il écrit : «Ce n'est pas une folie de faire don de ce qu'on ne peut garder afin de gagner ce qu'on ne peut pas perdre[27]. »

Jim Elliot a investi dans le royaume des cieux beaucoup plus que la plupart d'entre nous ne le feront jamais. Cependant, les investisseurs ordinaires peuvent encore prendre modèle sur lui. Gardez ce que vous avez et vous le perdez à la fin. Donnez ce que vous avez et vous serez comblé par tout ce que vous recevrez en retour.

---

27. Billy Graham Center Archives, « Citation de Jim Elliot », 10 octobre 2010, < http://www.wheaton.edu/bgc/archives/faq/20.htm >.

DONNEZ-LE

« *Vendez ce que vous possédez, et donnez-le*
en aumônes. »
— *Jésus*[1]

Ce chapitre est probablement la partie la plus importante de tout le livre. Dans *Contagious Generosity*, Chris Willard et Jim Sheppard évoquent les formidables implications du fait de donner notre argent :

> La générosité est l'expression la plus profonde de la vie de l'économe chrétien, car un don lui a été confié ; il doit l'utiliser avec sagesse et dans un but précis, à la gloire de Dieu […] La générosité exprime de manière puissante et pratique le message qui est au cœur de notre foi : Dieu nous a donné son Fils unique pour que nous ayons la vie[2].

La plupart des gens accordent à l'argent une valeur si grande, que, lorsque nous en faisons don sans rien attendre en retour, ils ne manquent pas de le remarquer et cela les plonge dans

---

1. Luc 12.33.
2. Chris Willard et Jim Sheppard, *Contagious Generosity : Creating a Culture of Giving in Your Church* [La générosité contagieuse : créer une culture du don dans votre Église], Grand Rapids, MI, Zondervan, 2012, p. 19-20 (trad. libre).

l'incompréhension la plus totale. Essayez de le faire à l'occasion (voir plus loin pour des idées de générosité spontanée) ; vous serez étonné, et peut-être amusé, par les réactions que vous verrez.

DE BONNES RAISONS DE DONNER

Ainsi que nous l'avons vu avec la pauvre veuve et ses deux piécettes, le *motif* de votre don est plus important que le *montant* que vous donnez[3]. La Bible offre un certain nombre de raisons d'être généreux. En voici quelques-unes :

Donnez parce que vous êtes faits à l'image de Dieu.

L'auteur Gordon MacDonald décrit la façon dont chacune des personnes de la Trinité fait preuve de générosité : « Dieu le Père est le premier dispensateur généreux, Dieu le Fils est le chef de ceux qui donnent avec générosité, et Dieu le Saint-Esprit est l'expression permanente de la générosité de Dieu en nous[4]. » En tant que porteurs de l'image de Dieu[5], nous arborons son empreinte qui inclut le sentiment profond que la générosité est une bonne chose.

Jean 3.16 dit : « Car Dieu a tant aimé le monde, qu'il a *donné* son Fils unique, afin que quiconque croit en lui ne périsse point, mais qu'il ait la vie éternelle » (italiques pour souligner). Le pasteur et auteur Judah Smith met en évidence le fait que Dieu n'a pas programmé son tableur céleste pour planifier un salut basé sur l'efficacité économique. La Bible ne dit pas : « Car Dieu a pensé que le mieux, le plus raisonnable, consiste à donner. » Non, c'est parce que « Dieu a tant *aimé* le monde qu'il a donné. » Il est

---

3. Luc 21.1-4 ; Voir aussi chapitre 2.
4. Gordon MacDonald, *Generosity*, Alpharetta, GA, The National Christian Foundation, 2009, p. 6 (trad. libre).
5. Genèse 1.27.

celui qui, dès l'origine, dispense ses libéralités avec joie. Lorsque nous donnons, nous reflétons cette joie[6].

Donnez comme un acte de louange envers Dieu.

La réaction la plus appropriée à cette générosité exorbitante est la générosité. Nous disons « merci » à Dieu, en partie, en donnant à d'autres. Dieu donne la vie, la grâce, le salut et il pourvoit à nos besoins. Il donne des enfants aux parents, un mari à l'épouse, et une épouse au mari. Il donne le Saint-Esprit aux chrétiens. Il donne le réconfort et la prière, la foi et l'espérance, la sagesse et l'amour. Il nous donne tout ce que nous possédons sur la terre, et il nous adopte dans sa famille afin de nous donner tout ce qu'il possède pour l'éternité.

Donnez pour démontrer la valeur de Jésus.

Ceux qui aiment Jésus ont encore plus de raisons d'imiter son exemple de générosité[7]. Toute occasion de donner devient une occasion de démontrer que Jésus, ainsi que l'espérance que nous avons placée en lui, est ce que nous possédons de plus vrai et de plus précieux. « Dans la mesure où le fait d'être un sage économe est un signe d'une vie rachetée, les chrétiens, par leur nature nouvelle, seront désireux de donner[8]. »

Donner pour être béni.

Si tout ce qui précède n'était pas une raison suffisante pour être généreux, sachez que Jésus a dit : « Il y a plus de bonheur à donner qu'à recevoir[9]. » Non que cela nous paraisse toujours

---

6. Judah Smith, « Swallow Your Saliva » (sermon), 8 juin 2014, < http://thecity.org/message/swallow_your_saliva >.
7. 2 Corinthiens 8.9.
8. Craig Blomberg, *op. cit.*
9. Actes 30.35.

ainsi, mais, écrit Tim Keller : «La grâce de Dieu nous rend le Christ précieux, en sorte que nos biens, notre argent, notre temps sont devenus éternellement et totalement accessoires; tout cela était crucial pour notre bonheur, maintenant ça ne l'est plus[10].»

Comme le note Keller, les biens, l'argent et le temps semblent souvent essentiels à notre bonheur. Nous ne sommes pas bénis parce que nous ressentons cette douce chaleur qui pétille lorsque l'on vient de faire du bien à quelqu'un. Nous ne sommes pas bénis parce que nous recevrons 1 000 dollars pour chaque 100 dollars que nous donnerons (relisez le chapitre deux sur la théologie de la prospérité si votre approche du don ressemble à un projet pyramidal). Nous sommes bénis plutôt parce que le fait de donner «nous libère de l'orbite de nos possessions matérielles», explique Randy Alcorn. « Nous échappons alors à leur gravité et nous entrons dans une nouvelle orbite autour de nos trésors célestes[11].»

Donnez afin de prendre soin des autres.

Jésus nous dit : «Cherchez premièrement le royaume et la justice de Dieu ; et toutes ces choses vous seront données par-dessus[12].» En disant «ces choses», il parle de ce qui est essentiel, comme la nourriture, l'eau et les vêtements. Cette dispensation surnaturelle s'opère souvent lorsque Dieu agit par l'intermédiaire de son peuple. «C'est en cherchant d'abord à appliquer les justes normes de Dieu que les rachetés, par définition, aideront les déshérités qui se trouvent parmi eux», remarque Craig Blomberg[13]. Et «quand les croyants réalisent que, s'ils venaient

---

10. Timothy J. Keller, *Ministries of Mercy* [Ministères de miséricorde], Phillipsburg, NJ, P&R Publishing, 1997, p. 63 (trad. libre).
11. Randy Alcorn, *op. cit.*, p. 40-41.
12. Matthieu 6.33.
13. Craig Blomberg, *op. cit.*

à tomber dans la pauvreté, les autres prendraient soin d'eux, cela peut les rendre libres de donner avec plus de générosité en période d'abondance[14]. »

Le livre des Actes en donne un exemple. « Il n'y avait [...] aucun indigent » parmi les premiers chrétiens[15]. Ce modèle social s'est poursuivi et étendu au-delà de la famille des croyants. En l'an 361 de notre ère, l'empereur romain Julien se plaignait ainsi : « les impies galiléens [*les chrétiens, "impies" parce qu'ils ne se conformaient pas aux pratiques païennes de l'époque*] soutiennent leurs pauvres et également les nôtres ; tout le monde voit bien que notre peuple manque d'une aide venant de nous[16] ! »

Donnez pour servir Jésus.

Jésus lui-même déclare qu'à la fin des temps il montera sur son trône et séparera les hommes en deux groupes : les brebis et les boucs. Les brebis seront invitées à « prendre possession du royaume ». Mais aux boucs, il dit : « Retirez-vous de moi[17]. » Aux brebis, il explique : « Car j'ai eu faim, et vous m'avez donné à manger ; j'ai eu soif, et vous m'avez donné à boire ; j'étais étranger, et vous m'avez recueilli ; j'étais nu, et vous m'avez vêtu ; j'étais malade, et vous m'avez rendu visite ; j'étais en prison, et vous êtes venus vers moi[18]. » Les boucs n'ont rien fait de tout cela.

Lorsque Jésus évoque ces souvenirs, les uns sont aussi perplexes que les autres. Ils demandent : « Seigneur, quand t'avons-nous vu avoir faim, et t'avons-nous donné à manger ; ou avoir soif, et t'avons-nous donné à boire[19] ? » Lorsqu'un jour

---

14. *Ibid.*
15. Actes 4.34.
16. Cité dans Keller, *Ministries of Mercy, op. cit.*, p. 87 (trad. libre).
17. Matthieu 25.34-41.
18. Matthieu 25.35,36.
19. Matthieu 25.37.

nous poserons cette même question, Jésus répondra : « Je vous le dis en vérité, toutes les fois que vous avez fait ces choses à l'un de ces plus petits de mes frères, c'est à moi que vous les avez faites[20]. » Dieu n'a pas besoin que nous lui donnions quoi que ce soit[21]. Le fait de donner est, en quelque sorte, un test qui permet de savoir si nous avons besoin de lui.

Donner à la gloire de Dieu révèle notre véritable allégeance, ainsi que son amour débordant, sa grâce généreuse, son humble puissance et ses fidèles promesses envers le monde.

LES MAUVAISES RAISONS POUR DONNER

Chaque acte de générosité exprime une nuance particulière de vérité. Le désir de faire le bien, de faire preuve de miséricorde et d'œuvrer pour la justice[22] révèle l'empreinte de Dieu dans notre cœur. Dieu nous a créés pour de bonnes œuvres[23]. Tout don qui sert à guérir les malades, à nourrir les affamés et à promouvoir la justice donne une image du royaume de Dieu[24].

Mais Dieu ne prend pas plaisir aux dons pour telle ou telle raison particulière. À plusieurs reprises, aussi bien dans l'Ancien Testament que dans le Nouveau Testament, Dieu rejette le sacrifice de son peuple, à cause de l'hypocrisie de ce dernier, de sa tiédeur et de sa prétention[25]. Notre désir naturel de donner est entaché par le péché et toute tentative d'agir avec bienveillance est compromise par l'orgueil. Nous ne pouvons pas plaire à Dieu en nous-mêmes, et par nous-mêmes[26].

---

20. Matthieu 25.40.
21. Psaumes 50.9-11.
22. Michée 6.8.
23. Éphésiens 2.10.
24. Luc 7.5.
25. Voir Genèse 4.5 ; Psaumes 51.18,19 ; Ésaïe 1.13 ; Amos 5.21,22 ; Malachie 1.6-14 ; Matthieu 6.2 ; Actes 5.1-11.
26. Romains 8.8.

C'est seulement par l'intermédiaire de Jésus que nos dons peuvent être rendus acceptables pour Dieu et que nous pouvons éviter les pièges courants dont voici quelques-uns :

Ne donnez pas afin d'acheter la faveur de Dieu.

Lorsque le fait de donner provient d'un cœur qui n'est pas passé par la rédemption, cela nourrit l'orgueil, l'autosuffisance, le moralisme, et nous éloigne de Dieu plutôt que de nous en rapprocher. La générosité doit découler de notre adoration et de notre amour pour Dieu : elle est loin d'être une transaction karmique destinée à nous rapprocher un peu plus de la sainteté.

Warren Buffet a résumé la croyance commune, quoique souvent inexprimée, que nous pouvons acheter l'amour de Dieu. En effet, il a déclaré, après avoir fait un don de 30 milliards de dollars à la Fondation Gates : «Il y a plus d'un moyen d'aller au ciel, mais en voici un excellent[27].» La Bible enseigne, au contraire : «Car c'est par la grâce que vous êtes sauvés, par le moyen de la foi. Et cela ne vient pas de vous, c'est le don de Dieu. Ce n'est point par les œuvres, afin que personne ne se glorifie[28].»

Ne donnez pas afin d'en tirer gloire.

Parcourez la liste des milliardaires philanthropes sur le site Web «The Giving Pledge» (givingpledge.org) et vous verrez que la plupart d'entre eux s'investissent dans des fondations et

---

27. « Warren Buffett signs over \$30.7B to Bill and Melinda Gates Foundation » [Warren Buffett fait un don de plus de 30,7 milliards de dollars à la Fondation Bill et Melinda Gates], *USA Today*, 26 juin 2006, < http://www.usatoday.com/money/2006-06-25-buffett-charity_x.htm >, traduction libre. Il a par la suite tenté de clarifier sa déclaration, mais le sentiment sous-jacent reste évident dans la société et la religion américaines : pour aller au ciel, il suffit d'être quelqu'un de bien (Bob Gary, Jr., « Billionaire clarifies '"get to heaven" remarks », *Chattanooga Times and Free Press*, 12 juillet 2006, < http://www.allbusiness.com/society-social-assistance-lifestyle/philanthropy-charities/14639689-1.html >.

28. Éphésiens 2.8,9.

des programmes qui portent leur propre nom. Les super-riches, cependant, ne sont pas les seuls susceptibles de détourner la générosité pour se promouvoir eux-mêmes. C. S. Lewis note : « Parfois, notre orgueil empêche, lui aussi, notre charité ; notre tentation consiste à dépenser plus que nous ne devrions dans des formes de générosité ostentatoire (pourboires, hospitalité) et à dépenser moins que nous le devrions en faveur de ceux qui ont vraiment besoin de notre aide[29]. »

La bienveillance ostentatoire est également monnaie courante dans les médias. À titre d'exemple, votre don télévisé de 10 dollars à telle ou telle organisation permet au monde entier de voir à quel point vous avez le souci des pauvres ou des malades. Qu'il s'agisse d'un sourire reconnaissant de la part de la serveuse, d'une dizaine de « J'aime » sur notre page Facebook, ou notre nom qui figure dans le titre d'un organisme de bienfaisance, nous donnons pour qu'on nous acclame, qu'on nous manifeste de la gratitude, qu'on nous applaudisse et pour acquérir une certaine notoriété.

En clair, nous voulons recevoir des autres l'adoration que seul Dieu mérite. Nous sommes des voleurs de gloire, et pourtant pas une miette ne nous appartient en propre. « Car *[un homme]* n'emporte rien en mourant, ses trésors ne descendent point après lui[30]. » Si vous donnez pour qu'on vous congratule, c'est là toute la gloire que vous aurez en retour. Jésus déclare : « Donc, lorsque tu fais l'aumône, ne sonne pas de la trompette devant toi, comme font les hypocrites dans les synagogues et dans les rues, afin d'être glorifiés par les hommes. Je vous le dis en vérité, ils ont leur récompense[31]. »

Au contraire, si vous voulez glorifier Dieu avec votre don, « que ta main gauche ne sache pas ce que fait ta droite, afin

---

29. Voir C. S. Lewis, *Les fondements du christianisme*, Ligue pour la Lecture de la Bible, 2006 (trad. libre).
30. Psaumes 49.18.
31. Matthieu 6.2.

que ton aumône se fasse en secret; et ton Père, qui voit dans le secret, te le rendra[32]. »

Ne donnez pas après coup.

Plusieurs sont généreux seulement lorsque cela les arrange. Selon la principale recherche effectuée sur la question des dons faits par les chrétiens, 20 pour cent de l'ensemble des chrétiens américains ne donnent rien à l'Église ni aux organismes de bienfaisance parachrétiens ou séculiers[33], et la grande majorité donnent « très peu[34] ». Cependant, Dieu exige les « prémices » de notre travail[35]. Sans restriction. Il nous aime et veut que nous placions notre confiance en lui et pas dans notre argent.

Un couple de notre Église devait régler de lourdes factures médicales après un grave accident de voiture. Ils ont consulté un conseiller juridique non chrétien; son premier conseil a été : «Cessez de donner à l'Église.» Le couple s'est abstenu de suivre ses conseils. Quelques mois après l'accident, leur groupe d'étude biblique a organisé une collecte qui a permis d'amasser 4 000 dollars de plus pour régler les frais médicaux. Plusieurs ont été bénis par cette manifestation concrète de l'amour de Jésus au milieu de son peuple, et au moins un homme est devenu chrétien par la suite! Le Père s'est montré fidèle, et le couple a pu recevoir le don de Dieu sans culpabilité ni honte.

Ne donnez pas par culpabilité.

Dans son livre *Ministries of Mercy* (Ministères de miséricorde), Tim Keller analyse de manière plutôt perspicace ce qui motive les

---

32. Matthieu 6.3,4.
33. Christian Smith, Michael O. Emerson, Patricia Snell, *Passing the Plate*, New York, Oxford University Press, 2008, p. 29 (trad. libre).
34. *Ibid.*, p. 34.
35. Proverbes 3.9.

chrétiens à être généreux. Il le met en contraste avec une stratégie très commune, mais fondamentalement discutable :

> Les livres et les conférenciers, bien souvent, expliquent aux chrétiens qu'ils devraient aider les défavorisés parce qu'ils en ont les moyens. Ce raisonnement finit par les inciter à se sentir coupables. On entend dire, par exemple : «Comme tu es égoïste : tu manges du bifteck et tu possèdes deux voitures alors que le reste du monde meurt de faim!» Cela crée de graves conflits émotionnels chez les chrétiens qui entendent de tels raisonnements. Nous nous sentons coupables, mais, pour venir à bout de ce sentiment, nous recourons à toutes sortes de mécanismes de défense. «Qu'est-ce que j'y peux, je suis né dans ce pays? En quoi cela va-t-il aider quelqu'un que je renonce à avoir deux voitures? N'ai-je pas le droit de jouir du fruit de mon labeur?» Bientôt, saisis d'une lassitude accablante, nous renonçons aux livres ou aux orateurs, lesquels nous font tout bonnement sentir coupables de la misère des pauvres.
>
> La Bible n'utilise pas, en ce qui concerne le don, de motivation qui repose sur la culpabilité […] Plus nous vivons profondément la gratuité de la grâce de Dieu, plus nous sommes enclins à être généreux. C'est pourquoi Robert Murray M'Cheyne pouvait dire : «Nombreux sont ceux qui m'entendent et qui savent bien maintenant qu'ils ne sont pas chrétiens parce qu'ils n'aiment pas donner. Donner amplement et libéralement, sans réticence, exige que nous ayons un nouveau cœur[36].»

Une générosité basée sur la foi est le signe extérieur d'une transformation intérieure : une nouvelle naissance qui s'est accomplie par la puissance du Saint-Esprit. Il est tout à fait possible de donner des sommes énormes pour des causes louables et d'offenser Dieu en le faisant. Ce qui est le cas si nous agissons en nous reposant sur notre propre justice («selon la chair», selon l'expression de Romains 8.4) plutôt que sur la justice que Dieu nous donne en Christ. «Ceux qui vivent selon la chair

---

36. Timothy Keller, *Ministries of Mercy, op. cit.*, p. 62-63 (trad. libre).

ne sauraient plaire à Dieu[37]. » Par contre, si nous vivons « selon l'Esprit », il nous est possible d'avoir une vie généreuse qui est agréable à Dieu[38].

TROIS CARACTÉRISTIQUES PROPRES À UNE ATTITUDE DE GÉNÉROSITÉ

Dieu veut notre cœur plus que notre argent, ce qui signifie qu'en plus de nos motivations, notre attitude compte aussi à ses yeux.

Dans 2 Corinthiens, Paul évoque une Église de la Macédoine qui aime beaucoup donner. Dès que le besoin s'en est fait sentir à Jérusalem, les Macédoniens ont demandé « avec de grandes instances la grâce de prendre part à l'assistance destinée aux saints[39]. » Dans un commentaire sur ce passage, Ralph Martin affirme : « On s'attend en général à ce que celui qui fait une collecte doive "supplier" les éventuels donateurs. Ici, au contraire, ce sont ceux qui avaient le moins de moyens qui ont supplié Paul de leur accorder la faveur de participer à cette entreprise[40]. »

Paul tire de l'exemple des Macédoniens un certain nombre de principes utiles. En bref, la générosité basée sur la foi se manifeste par le fait que lorsque nous donnons nous le faisons avec joie, esprit de sacrifice et régularité.

Le don joyeux

« Que chacun donne comme il l'a résolu en son cœur, sans tristesse ni contrainte ; car Dieu aime celui qui donne avec joie[41]. » L'argent est un outil commode que Dieu nous donne pour aider les autres et pour répandre l'Évangile. Lorsque nous l'utilisons de cette façon, nous sommes au service d'un plus grand nombre :

---

37. Romains 8.8.
38. Romains 8.4.
39. 2 Corinthiens 8.4.
40. Cité dans Craig Blomberg, *op. cit.*
41. 2 Corinthiens 9.7.

plus de gens rencontrent Jésus, plus de gens passent de la mort à la vie, et plus de gens bénéficient de la même grâce que celle qui nous a été donnée.

Lorsque notre Église a ouvert son nouveau local en 2010, cela a donné lieu à une grande fête et des dizaines de personnes ont été baptisées sur place. Ce fut une célébration incroyablement joyeuse qui a été rendue possible par tous ceux qui, en grand nombre, ont fourni les moyens qui nous ont permis d'acheter le bâtiment, de soutenir le pasteur et de payer les factures. Lorsque vous êtes enthousiasmés de voir Jésus changer des vies, vous êtes également enthousiastes de participer et de donner. Ce n'est pas une corvée, mais un honneur.

Dieu aime que nous donnions avec joie, mais cela signifie-t-il qu'il n'aime pas les donateurs grognons? «Non, dit Judah Smith, Dieu aime les grognons qui donnent, mais cela signifie bel et bien qu'il prend plaisir à ceux qui aiment vraiment donner [...] Parce que lui-même donne avec joie. Tel est notre Dieu[42].» La contrainte n'existe pas dans le royaume de Dieu. Au contraire, «lorsqu'il touche votre cœur, votre main s'ouvre[43]».

L'aspect sacrificiel du don

Paul complimente également l'Église de Macédoine parce qu'elle donne à une autre Église qui est dans le besoin, cela malgré le fait que les Macédoniens eux-mêmes traversaient des temps difficiles. En dépit de leurs difficultés, «leur joie débordante et leur pauvreté profonde ont produit avec abondance de riches libéralités de leur part[44]». Paul fait un lien entre ce sacrifice et le sacrifice suprême de Jésus, qui a volontairement sacrifié sa vie afin de servir et sauver les pécheurs.

---

42. Smith, « Swallow Your Saliva », *op. cit.* Voir Jean 3.16.
43. *Ibid.*
44. 2 Corinthiens 8.2.

Ce que nous donnons ne saurait égaler le don suprême de Jésus, mais il est évident que nous devons, en tant que disciples, nous conformer au même esprit de sacrifice. Loin de donner sur ce que nous avons en trop, nous renonçons volontiers à quelque chose que nous aurions pu posséder, afin de participer au soutien de l'œuvre de Dieu et de sa mission.

La régularité du don

La Bible ne prescrit pas de fréquence, de jour, de moments particuliers pour donner. Nous avons la liberté de nous organiser d'une manière cohérente et qui correspond à notre rythme de vie. Donner régulièrement requiert une vie disciplinée et est pour nous un rappel constant que ce que nous possédons ne nous appartient pas en réalité. L'irrégularité dans les dons indique une mauvaise gestion : la réticence à donner, un défaut de planification ou de la paresse. Bien sûr, le fait de donner avec régularité n'exclut pas la spontanéité du don, comme nous le verrons plus loin.

Voici un résumé des principes entourant le don généreux et fait avec foi :

PRINCIPE DU DON	DON EXISTANT...	ABSENCE DE DON...
JOIE	Enthousiasme et joie de participer à l'œuvre de Jésus.	Impression de perte et non de privilège.
ABNÉGATION	Donner fait un peu mal : il faut se priver de quelque chose.	Manque de foi et de confiance en la provision de Dieu. D'autres priorités passent avant Dieu.
RÉGULARITÉ	Régularité des dons.	Paresse, plans mal ficelés, et indifférence sont à l'origine de dons sporadiques (souvent accompagnés de culpabilité).

BILAN : COMBIEN FAUT-IL DONNER ?

Même sans tenir compte de ce que dit la Bible sur la joie de donner et le fait que cela nous coûte quelque chose, le petit légaliste qui sommeille en chacun de nous cherche constamment à savoir où tracer les limites : combien Dieu veut-il que je donne ?

La loi de l'Ancien Testament exigeait que le peuple de Dieu donne la dîme (le dixième) de son revenu à l'Église[45]. En incluant les actes de bienfaisance, les sacrifices faits au temple et autres charges, le montant total allait jusqu'à 25 pour cent[46]. Le Nouveau Testament encourage les dons sans toutefois donner de chiffres précis, et il nous rappelle que si nous ne donnons pas, ce n'est pas à Dieu que nous faisons du tort, mais à nous-mêmes (et à notre Église, puisque nous faisons tous partie du même corps) : «Celui qui sème peu moissonnera peu, dit l'Écriture, et celui qui sème abondamment moissonnera abondamment[47].» Étant donné que le don est une affaire de cœur, et que Jésus a accompli la loi, le peuple de Dieu est appelé à donner pour manifester sa reconnaissance envers l'amour de Dieu en Christ et non par obligation d'atteindre un pourcentage prédéfini.

Contrairement à ce que nombre de prédicateurs populaires ont enseigné, «abondamment» n'est pas la promesse d'un gain matériel. Nous semons pour récolter des bénédictions spirituelles sur la terre et des trésors bien concrets dans le ciel. Plus nous donnons avec générosité, plus nous amasserons des trésors dans le ciel (voir chapitre 7), et plus il est probable que nous assistions aux progrès de la mission de Jésus pendant la durée de notre vie.

Ce n'est pas parce que Dieu a besoin de notre argent que nous donnons à l'Église. Le Psaume 50 nous le rappelle : «Si j'avais faim, je ne te le dirais pas, car le monde est à moi et tout ce qu'il

---

45. Nombres 18.21-29 ; 27-30.
46. Voir Deutéronome 12.10,11,17,18 ; 14.22-29 ; Lévitique 19.9,10 ; Néhémie 10.32,33.
47. 2 Corinthiens 9.6.

renferme[48]. » Ce que Dieu cherche, c'est nous. Il est impossible d'aimer Dieu et de ne jamais donner[49]. Et même si, en matière de don, il n'est pas question de pourcentage précis, les mêmes qualificatifs bibliques concernant la générosité de nos dons sont de rigueur : joie, abnégation et régularité. C. S. Lewis déclare :

> Je crains bien que la seule règle valable soit de donner plus que ce que nous pouvons économiser. En d'autres termes, si nos dépenses de confort, de superflu, de divertissements, etc., atteignent le niveau moyen de ceux qui disposent d'un revenu similaire, alors il est probable que notre sacrifice est insuffisant. Si nos dons n'entraînent pour nous ni privation ni gêne, j'ose prétendre qu'ils sont trop faibles. Il devrait y avoir des choses que nous aimerions faire et auxquelles nous renonçons parce que la somme consacrée à nos buts charitables en exclut la possibilité[50].

Si le montant de nos dons ne nous place pas dans l'obligation de faire confiance à Dieu, il y a des chances que nous ne donnions que pour la forme. En tant que pasteur, j'ai souvent enseigné que donner 10 pour cent de ses revenus à l'Église est un bon point de départ. Pour la plupart des gens, 10 pour cent représentent un montant qui les incite à être fidèles dans ce domaine de leur vie. Selon les circonstances de vie, le dixième des revenus n'est pas suffisant pour certains. Pour d'autres, c'est trop. Craig Blomberg émet cette conjecture : « Si les chrétiens occidentaux les plus riches étaient honnêtes sur l'étendue de leur excédent, ils donneraient beaucoup plus que 10 pour cent[51]. »

En tout cas, en l'absence d'une somme expressément spécifiée concernant les dons, nous dépendons de Dieu dans la mesure où nous devons chercher activement sa volonté pour nos finances. Nous n'avons pas le repère d'un pourcentage précis à donner, ce

---

48. Psaumes 50.12.
49. Matthieu 6.21,24.
50. C. S. Lewis, *Les fondements du christianisme, op. cit.*
51. Craig Blomberg, *op. cit.*

qui laisse le problème en suspens. Donner est ainsi une constante et une dynamique de la vie vécue dans l'adoration de Jésus. Lorsque nous comprenons ce qu'est la joie de donner en réponse à la grâce de Dieu, « combien Dieu veut-il que je donne ? » devient « combien m'est-il possible de donner ? »

À QUI VA L'ARGENT ?

Lorsque j'étais pasteur, je disais à l'assemblée d'adresser ses dons réguliers à l'Église. Maintenant que je suis un simple individu assis dans les rangs, je dirais encore la même chose. En tant que chrétiens, notre générosité devrait en fait s'étendre bien au-delà de l'Église, mais ne jamais exclure l'Église.

L'Église n'est pas une organisation. L'Église est une famille[52]. Le fait de donner pour des causes ou des œuvres charitables sans passer par votre Église dénote de votre part une mauvaise compréhension de ce qu'est une Église, ou encore de la négligence. Un peu comme un père qui travaillerait dur, gagnerait sa vie, et achèterait des tas de vêtements flambant neufs pour les gamins des rues alors que ses propres enfants se promèneraient vêtus de vieux sacs. La première obligation d'un chrétien, quand il donne, est de contribuer à la santé et au bien-être de l'Église[53].

Les dons exclusivement réservés à une cause particulière pourraient également dénoter un certain orgueil (« cela peut être bon pour mon image ») et un manque de passion pour l'Évangile. Les grandes causes vont et viennent comme les modes – qu'elles aient été résolues ou non, malheureusement. Seul le message de la mort et de la résurrection de Jésus à notre place offre une espérance durable, universelle et éternelle. Le moyen choisi par Dieu pour véhiculer ce message est l'Église. Voilà pourquoi nous avons la responsabilité de veiller à ce qu'elle soit en bonne santé.

---

52. Romains 8.15-17 ; Éphésiens 2.19 ; 1 Timothée 5.1,2.
53. Galates 6.10.

OBJECTIONS COURANTES AUX DONS FAITS À L'ÉGLISE

Nous pouvons songer à bien des raisons qui font que nous ne gérons pas notre argent de la bonne manière. Parfois, il s'agit d'une question d'ignorance ou d'immaturité, et, dans ce cas, nous avons besoin que quelqu'un nous explique ce que la Bible dit sur le sujet. D'autres fois, c'est seulement une excuse, et nous avons besoin d'être repris. Voici quelques-unes des excuses que j'ai rencontrées au fil des années, et comment j'ai tenté d'y répondre.

L'argent est une affaire entre Dieu et moi.

L'argent n'a rien de magique ni de particulièrement saint. C'est seulement un don que Dieu nous fait, un outil. Nous pouvons le gérer avec sagesse ou en dépit du bon sens, c'est pourquoi, dans une Église saine, nous devons être prêts à nous rendre des comptes les uns aux autres sur la manière dont nous utilisons notre argent. Il est vrai que nous aurons à rendre compte personnellement à Dieu de la façon dont nous gérons nos ressources[54] ; cependant, il nous a, en partie, donné ces ressources pour aider à l'édification de son royaume et à la diffusion de l'Évangile. Or, ce n'est pas quelque chose que nous faisons tout seuls dans notre coin, mais une œuvre qui est accomplie par l'Église entière[55].

De plus, étant donné l'importance et le sérieux avec lesquels l'Écriture considère l'argent, si nous pouvons discuter de sujets comme la prière, le mariage, le rôle des parents, le culte et ainsi de suite, nous pouvons certainement parler aussi de cet aspect puisqu'il fait partie intégrante de la vie du disciple. Cela ne signifie pas que c'est chose facile. Comme je l'ai mentionné dans l'introduction, les Américains considèrent la dette de cartes de crédit

---

54. Matthieu 25.14-30.
55. Actes 2.44-47 ; 2 Corinthiens 9.1-5.

comme un tabou majeur dans la conversation. C'est un sujet encore plus délicat que la vie amoureuse, le salaire, le poids, la politique ou la religion[56].

Il me faut économiser de l'argent avant de pouvoir en donner.

L'épargne ou les dépenses ne doivent pas prendre la place du don. Lorsque la situation économique est précaire, nos idoles ne sont plus les dépenses impulsives, mais le désir obsessionnel d'accumuler de l'argent. Quelles que soient les circonstances, Dieu reste digne de confiance[57]. C'est pourquoi il faut éviter les extrêmes : surconsommation et indépendance financière excessive[58].

Les Églises sont trop centrées sur l'argent.

Jésus a parlé d'argent plus que n'importe quelle Église que j'ai fréquentée. Il n'est pas question de l'argent, mais plutôt du cœur. Or, l'argent est un indicateur utile pour savoir si le cœur d'une Église est centré sur Jésus ou s'il est centré sur lui-même. En outre, si nous croyons vraiment à la mission de Dieu qui s'accomplit à travers son Église, nous devrions avoir le désir de voir cette mission prospérer grâce à nos ressources communes.

Je ne fais pas confiance à l'Église.

Malheureusement, les abus financiers qui ont eu lieu dans certaines Églises ont sali la réputation de toutes les Églises. Je comprends, et je vous encourage à parler à l'un des responsables de l'Église afin de savoir s'il y a suffisamment de transparence pour que vous puissiez donner sans arrière-pensée. Cela dit, résistez à toute suspicion non fondée et illégitime. Une méfiance

---

56. Crouch, « Poll : Card debt the No. 1 taboo subject » [Sondage : La dette de cartes de crédit, sujet tabou n° 1], CreditCards.com, trad. libre.
57. Psaumes 73.23-26.
58. Matthieu 6.28-33 ; Luc 13.21.

généralisée à l'ensemble de l'Église peut être l'expression, chez vous, d'un problème sous-jacent qui mérite réflexion et prière.

Nous ne devrions pas parler de dons parce que la Bible nous recommande la discrétion sur ce sujet.

Garder un secret est une discipline spirituelle appropriée dans certaines circonstances et lorsqu'on a des motifs légitimes de le faire[59]. Toutefois, la Bible donne aussi de nombreux exemples d'actes de bienveillance accomplis publiquement[60]. Jésus déclare : « Que votre lumière luise ainsi devant les hommes, afin qu'ils voient vos bonnes œuvres, et qu'ils glorifient votre Père qui est dans les cieux[61]. »

Paul encourage même une saine compétition en matière de don[62], et ceux qui donnaient dans l'Église primitive présentaient leurs offrandes en public[63]. Là encore, c'est le cœur qui fait la différence : quelle est votre motivation ? Si vous désirez que tous sachent que vous donnez, alors pourquoi ? Cherchez-vous la reconnaissance, ou voulez-vous encourager les autres ? Si vous ne voulez pas que l'on sache que vous donnez, pourquoi ? Avez-vous honte, ou y a-t-il une raison légitime qu'il serait gênant d'exposer en détail ?

Je ne peux pas donner... je suis un étudiant sans le sou.

Notre société encourage les étudiants à vivre au-dessus de leurs moyens en empruntant massivement en vue d'un avenir incertain. S'endetter sous la forme d'une aide financière n'est pas foncièrement mauvais, mais on ne peut pas s'engager dans cette démarche sans examiner sérieusement la question et sans conseils avisés. Tout en investissant dans leur avenir professionnel, et en prenant

59. Matthieu 6.4.
60. Marc 14.3-9 ; Luc 21.1-4 ; Actes 4.36,37.
61. Matthieu 5.16.
62. 2 Corinthiens 9.1-5.
63. Actes 4.35.

des habitudes de dépenses discrétionnaires, nombre d'étudiants ne s'imposent aucune, ou peu de restriction financière. Il faut un début à tout. De même, n'oubliez pas que savoir gérer c'est aussi savoir gérer le temps. Les gens qui donnent plus d'argent doivent aussi donner de leur temps, l'Église en a besoin, et les gens qui donnent plus de leur temps doivent aussi donner de l'argent.

Je ne peux pas donner... je n'ai rien.

Si des gens affirment ne pas pouvoir se permettre de verser leur dîme, je leur demande s'ils mourraient avec un revenu réduit de 10 %. La réponse est non et j'ajoute : « Dans ce cas, vous reconnaissez que vous pouvez vous permettre de verser la dîme, mais que vous ne voulez pas[64]. »

Commencez simplement, humblement, quelque modeste que soit votre point de départ. Dieu fera croître votre foi. Si vous ne donnez pas à Dieu un minimum à partir duquel il peut œuvrer, rien ne changera. Faites-lui de la place pour qu'il cultive en vous un cœur généreux et fidèle.

Je veux bien donner, mais j'oublie toujours.

Faites en sorte d'avoir à rendre des comptes à d'autres personnes. Disciplinez-vous. Notez-le sur le calendrier de votre ordinateur ou de votre téléphone et faites un don en ligne.

Participer à l'Église locale ne consiste pas seulement en une transaction commerciale où nous donnons de l'argent en contrepartie de services religieux, ou bien pour satisfaire notre conscience. Jésus nous appelle à participer pleinement, mais notre participation peut varier au cours des différentes périodes de la vie. Peut-être que nous aurons peu d'argent, mais beaucoup de temps pour du bénévolat. Peut-être que nous serons

---

64. Randy Alcorn, *op. cit.*, p. 79.

débordés de travail et que nous n'aurons que le temps de signer notre chèque de dîme.

Nous ne pouvons pas imposer un légalisme malsain et des quotas à l'Église. Les circonstances de la vie changent constamment, et de telles obligations n'ont pas de fondement biblique. Mais en même temps, les membres de l'Église ne doivent pas se chercher des excuses pour leur manque de participation. Nous avons besoin de sagesse, de l'aide du Saint-Esprit et de la famille que constitue l'Église pour éviter de tomber dans le péché et pour faire de bon cœur le travail que Dieu nous a appelés à faire.

Donner en dehors de l'Église

La générosité ne s'arrête pas à l'Église, comme si vous vous contentiez de cocher une case sur la liste de vos activités chrétiennes. Recherchez, de manières variées et créatives, comment vous pourriez vous montrer généreux dans votre vie de tous les jours. Y a-t-il, dans votre communauté, des organisations qui font du bon travail ? Comment pouvez-vous manifester votre générosité à votre lieu de travail ? Y a-t-il, dans votre quartier, des familles qui traversent des moments difficiles ?

Prendre des habitudes de générosité spontanée est également une excellente chose. Jésus, à maintes reprises, fait l'éloge du don spontané[65]. Voici, à titre d'exemple, comment vous pourriez, cette semaine, surprendre les autres et être une source de bénédiction pour eux en vous montrant généreux :

- Laissez un généreux pourboire : donnez le double du prix de votre café-crème ou de votre repas.
- Payez son dîner au couple qui se trouve à côté de vous, ou aux gens qui sont juste derrière vous dans la file du service à l'auto.
- Rapportez à votre femme un chèque-cadeau surprise.

---

65. Luc 10.30-37 ; Jean 12.1-8 ; Matthieu 19.21.

- Emmenez vos enfants déguster une glace à la vanille.
- Achetez des beignets pour vos collègues (ou des yaourts grecs allégés).
- Si vous dînez en ville, commandez un repas supplémentaire, emballez-le et donnez-le à un sans-abri.
- Tondez la pelouse de votre voisin.
- Lisez le journal afin de vous informer de besoins locaux que vous pourriez aider à combler.
- Offrez de faire du gardiennage gratuitement aux jeunes couples de votre Église.
- Apportez un repas à une famille qui vient d'avoir un bébé, ou proposez-leur de faire le ménage.

Ce qu'il y a de beau dans la générosité, c'est que, bien souvent, elle engendre la générosité. Ayez une vie généreuse et vous verrez naître la générosité dans votre sillage. Il en résultera de bonnes affaires, une bonne vie de famille, et je vous garantis que vos amis adoreront passer du temps avec vous.

DIEU SAUVE LES PÉCHEURS AVARES

Lorsque j'étais un jeune converti, je ne voulais pas me départir de «mon» argent durement gagné. J'allais à l'école et travaillais dans un restaurant, alors donner de l'argent à l'Église n'avait pas beaucoup de sens. Mais puisque la Bible dit que c'est important, j'ai décidé de tenter le coup.

J'étais content de moi quand j'ai pris la décision de mettre dix dollars par semaine dans la boîte à offrandes. Cependant, plus je lisais la Bible et plus je me rendais compte que ma contribution n'était qu'un geste symbolique. À mes yeux, un montant de dix dollars n'avait rien à voir avec les dons généreux, qui coûtent et basés sur la foi, auxquels Dieu m'avait appelé.

M'a-t-il foudroyé à cause de mon orgueil? S'est-il moqué de mon ignorance? Pas vraiment. Tel un Père aimant, il a envoyé le Saint-Esprit pour me convaincre de mon péché, puis, gracieusement et patiemment, il m'a encouragé à donner de plus en plus, tout en édifiant ma foi par sa provision continuelle et ses promesses. Mes dons ont cessé d'être des vêtements souillés offerts par des mains égoïstes[66], ils sont devenus «un parfum de bonne odeur, un sacrifice que Dieu accepte, et qui lui est agréable[67] », parce qu'ils venaient d'un cœur racheté par son Fils.

Nous ne pourrons jamais donner à notre Dieu généreux plus que lui-même nous a donné[68]. Cette réalité devrait toujours nous inciter à rechercher humblement sa grâce.

66. Ésaïe 64.5.
67. Philippiens 4.18.
68. Psaumes 16.11 ; Malachie 3.10 ; Jean 4.14.

MULTIPLIEZ-LE

« Heureux ces serviteurs que le maître, à son arrivée,
trouvera veillant ! »
— Jésus[1]

Vous allez mourir.

Entre aujourd'hui et ce jour fatidique, que ferez-vous de votre argent ? De votre temps ? De votre énergie ? Quel genre d'héritage laisserez-vous quand vous partirez ?

Comme nous l'avons vu, la parabole des talents raconte l'histoire de trois serviteurs qui reçoivent de leur maître une certaine somme d'argent. Deux d'entre eux ont fait fructifier cet argent, et il s'est multiplié. En racontant les événements, Jésus félicite ces hommes avec des paroles que nous voudrions tous entendre : «C'est bien, bon et fidèle serviteur ; tu as été fidèle en peu de chose, je te confierai beaucoup ; entre dans la joie de ton maître[2]. » En tant qu'économes de Dieu, nous n'avons pas pour but l'équilibre financier. Nous utilisons les dons venant de Dieu pour produire un impact qui s'étendra au-delà de notre existence personnelle.

---

1. Luc 12.37.
2. Matthieu 25.23.

RÊVEZ GRAND

John Piper déclare : «Nous gâchons notre vie lorsque nous négligeons de prier, de penser, de rêver, de planifier et d'agir de façon à célébrer Dieu dans tous les domaines de l'existence[3].» Où voulez-vous aller? Que cherchez-vous? Qu'est-ce qui vous motive? Qu'est-ce qui vous tape sur les nerfs? Que voulez-vous voir changer : dans votre vie, dans votre ville, dans le monde?

Pour nous, chrétiens, nous avons le Saint-Esprit qui travaille avec nous. Rêvez vraiment grand. Comme l'explique l'auteur Dave Harvey : «Nos rêves doivent s'étendre à la génération suivante, c'est alors que nos ambitions sont véritablement fondées sur la Bible. [...] Une réussite selon des critères bibliques inclut un transfert de l'œuvre à accomplir. Nous plaçons nos successeurs dans une position où ils pourront s'améliorer et même nous surpasser, motivés par nos paroles d'encouragement[4].»

Bien que les finances constituent une pièce de ce puzzle, votre vie représente plus que l'argent de votre compte en banque. Voici quelques questions pour vous aider à réfléchir aux différentes pièces du puzzle et à la façon dont elles s'ajustent pour former une seule grande image à long terme. Imaginez les réponses que vous donnerez dans dix, vingt-cinq ou cinquante ans..., et lors du dernier jour de votre vie :

La marche avec Jésus — Quel impact aura ma marche avec Jésus sur les autres? Un groupe d'âge particulier, une culture particulière, un voisin, un membre de la famille?

Les dons — Combien vais-je donner d'ici à mon dernier jour? Ai-je donné généreusement jusqu'à présent, et continuerai-je à le faire grâce à mes biens immobiliers, si Dieu pourvoit sur ce plan?

---

3. John Piper, *Et si je ne gâchais pas ma vie...*, La Maison de la Bible, 2017, p. 42.
4. Dave Harvey, *Secourir l'ambition*, Montréal, Éditions Cruciforme, 2014, p. 249.

La famille — À quoi ressemblera ma famille ? Combien d'enfants aurons-nous ? Où habiterons-nous ?

Les amis — Qui seront mes amis ? Pour qui aurai-je été un ami ?

La Mission — Qu'ai-je fait pour obéir au commandement de Jésus : « Faites de toutes les nations des disciples » et pour accomplir le Grand Mandat[5] ?

La carrière — Dans quel domaine aurai-je travaillé au cours de ma vie ?

Le logement — Aurai-je des biens immobiliers à léguer[6] ?

Les finances — Qu'est-ce que je laisserai derrière moi sur le plan financier et à qui[7] ? Où l'argent que Dieu m'a confié aura-t-il le plus d'impact pour l'Évangile ?

Les questions que vous vous posez aujourd'hui façonneront ultimement l'héritage que vous léguerez à la fin de votre vie. Entretemps, vous devrez avoir un plan.

SOYEZ AMBITIEUX DANS VOS PLANS, MAIS QUE DIEU RESTE DIEU

Je ne sais pas exactement qui est à son origine, mais j'aime cette maxime : Ce qui fait la différence entre une vision et sa réalisation, c'est d'avoir un plan. Notre plan saisit l'avenir que nous désirons et le transforme en étapes simples et précises que nous franchirons les unes après les autres afin de réaliser nos objectifs.

Le livre des Proverbes déclare : « Le cœur de l'homme médite sa voie, mais c'est l'Éternel qui dirige ses pas[8]. » Nous avons besoin de planifier, de noter par écrit, de prier pour trouver une

---

5. Matthieu 28.19.
6. Proverbes 19.4.
7. Proverbes 13.22.
8. Proverbes 16.9.

orientation précise dans notre vie, mais nous devons aussi ouvrir nos plans à Dieu pour qu'il nous guide. Et c'est très bien ainsi. Il est Dieu. Il a le droit de le faire. Votre plan changera au fur et à mesure qu'il façonnera votre vie et vos convictions, mais vous devez continuer à planifier.

Dieu n'est pas le Père Noël. Nos plans ne sont pas une liste de vœux que nous lui remettons en échange de nos bonnes actions. Le but d'un plan est de bien gérer les ressources que Dieu nous donne. Nous voulons faire de notre mieux pour que celles-ci soient multipliées afin de tirer le meilleur parti des dons de Dieu et d'en faire le meilleur usage possible. L'héritage que vous laissez résume votre fidélité et votre gestion de tout ce que Dieu vous a confié pour sa gloire et pour le bien des autres.

PAR OÙ COMMENCER ?

Peut-être avez-vous négligé de planifier parce que vous vous sentez trop jeune. Ou trop vieux. Ou trop occupé. Cependant, quel que soit le stade de la vie où vous vous trouvez, aussi long-temps que vous vivrez, vous aurez quelque chose à gérer. Et le fait d'avoir un plan vous aidera à le faire fidèlement.

Un excellent point de départ est le budget, dont nous avons parlé au chapitre trois. Voici quelques autres façons de progresser dans la gestion, la planification, la multiplication des ressources que Dieu vous a données, à mesure que vous traversez les diffé-rentes étapes de la vie.

CONSEILS POUR LES ENFANTS (PAR L'INTERMÉDIAIRE DES PARENTS)

Donnez à vos enfants un enseignement sur Jésus et sur leur besoin de sa grâce. La générosité découle de lui. Il se peut que nous soyons d'excellents économes, aptes à instruire nos enfants concernant la planification financière. Cependant, si ni nos enfants ni nous ne comprenons l'Évangile, toute la planification du monde ne nous servira à rien.

Invitez vos enfants à participer à la conversation.

Trop souvent, nous, parents, vaquons à nos tâches quotidiennes, payons les factures, faisons les courses et faisons des projets d'avenir, et pendant tout ce temps nous oublions d'inviter nos enfants à participer à ces activités. Elles peuvent être un moyen de leur enseigner certaines choses : la responsabilité, l'éthique du travail, la joie et la prise de décision.

Enseignez à vos enfants à répartir leur argent en trois catégories : donner, économiser et dépenser.

Lorsque vos enfants reçoivent de l'argent pour leur anniversaire, à l'occasion de Noël ou quand vous leur donnez de l'argent de poche, aidez-les à planifier la manière dont ils vont l'utiliser. Je n'oublierai jamais le moment où mon fils a ouvert une carte provenant de ses grands-parents, à son cinquième anniversaire. Elle contenait de l'argent, et il s'est exclamé : « Eh bien ! Maintenant, je peux payer mes factures ! » À cinq ans, il n'avait pas beaucoup de factures, mais j'appréciais le fait qu'il commençait à avoir quelques idées sur la gestion.

N'étouffez pas l'innovation : permettez que l'échec survienne.

Je sais que mettre en place le stand de limonade représente une tâche énorme, mais quelle belle occasion de donner à vos enfants un enseignement sur le travail, les principes commerciaux et la gestion financière ! Dès lors que vos enfants ont des idées, prenez le temps de les encourager et d'investir dans leurs idées afin que ces mini-entreprises, qu'elles soient rentables financièrement ou non, puissent être l'occasion d'un enseignement.

Mobilisez vos enfants et enseignez-leur le discernement.

La plupart des parents attendent de leurs enfants qu'ils apprennent par osmose plutôt que par un enseignement intentionnel et réfléchi. En réalité, privés de tout discernement parental pour les guider, les enfants absorberont leurs leçons de vie des principes de marketing, des amis, de l'Internet – lesquels ne s'appuient pratiquement jamais, pour instruire, sur les principes de l'Écriture. Les enfants ont besoin d'être équipés pour discerner la différence entre vérité et mensonges.

Modèle de générosité.

Mettez en pratique ce que vous prêchez. Ne faites pas des dons pour impressionner vos enfants, mais ne leur cachez pas que vous le faites non plus. Lorsque vous vous trompez, confessez votre péché à votre famille ; que vos enfants voient que papa et maman ont besoin d'un Sauveur, eux aussi. Puisque la générosité découle de la grâce, nous pouvons l'utiliser comme outil d'enseignement au sujet de Jésus.

CONSEILS POUR LES CÉLIBATAIRES

Mettez en place dès maintenant un système de don.

Je n'aime pas avoir à le dire, mais les célibataires peuvent être incroyablement égoïstes. Nous sommes tous égoïstes, c'est certain. Mais les jeunes célibataires excellent dans ce vice. Je le sais par expérience. Vous êtes à un moment de votre vie où vous disposez de beaucoup de temps et probablement d'un excédent d'argent qu'il faut gérer. Ce que vous faites maintenant influencera les vingt prochaines années. Songez à ce que cela donnera si vous établissez dès maintenant un système de don et de service qui contribue à faire voler en éclats votre égoïsme plutôt qu'à le renforcer.

Apprenez de ceux qui sont plus avancés que vous.

Si vous êtes jeune, assurez-vous d'apprendre d'adultes matures, qui sont parvenus à une situation stable et qui sont plus avancés dans la vie. Interrogez-les sur leurs réussites, leurs erreurs, ce qui a marché pour eux et ce qu'ils feraient différemment maintenant si c'était à refaire. Vous pouvez être sûr qu'ils vous en fourniront toute une liste.

Pensez à ce que vous apporteriez au mariage.

Il y a des chances pour que vous vous mariiez un jour. En attendant, travaillez-vous à constituer votre garde-robe, ou à mettre de l'argent de côté afin de régler le versement initial pour l'achat de votre maison ? Il y a une énorme différence entre avoir des dettes et avoir de l'argent lorsqu'on fonde un foyer. J'ai travaillé avec des couples débutant dans leur vie commune avec 100 000 dollars d'emprunts étudiants à rembourser plus une dette de carte de crédit. Le fardeau peut être écrasant et s'avère souvent être le problème dominant pendant de très nombreuses années de mariage. J'ai aussi travaillé avec des couples qui ont apporté des économies à leur mariage, et la liberté financière dont ils jouissent est vivifiante. Ce que vous faites de votre argent à présent aura un profond impact sur l'avenir de votre couple. Commencez maintenant à aimer votre futur conjoint en pratiquant une saine gestion financière.

Profitez des intérêts composés lorsque vous avez de dix-huit à trente ans.

Plutôt que vivre au jour le jour en dépensant tout votre argent dès que vous en avez, saisissez plutôt cette occasion pour faire fructifier votre argent. Même si vous désirez ne jamais prendre de retraite, un jour vous n'aurez plus la capacité de travailler aussi dur ou de gagner autant que pendant votre jeunesse. Investissez suffisamment pour que votre générosité se prolonge jusque dans votre vieillesse plutôt que d'amasser pour vous-même.

Pendant que vous êtes jeune, la magie des intérêts composés est de votre côté. Si vous économisez 300 dollars par mois entre vingt-deux et vingt-huit ans à un taux d'intérêt de 10 pour cent par an, les économies que vous ferez sur sept ans s'élèveront à un million de dollars quand vous aurez soixante-cinq ans[9]. Si vous commencez à placer vos 300 dollars mensuels à l'âge de trente et un ans, il faudra trente-quatre ans d'économies pour atteindre un million de dollars à soixante-cinq ans. Un intérêt de 10 pour cent est sans doute optimiste, mais c'est le même principe qui s'applique : plus vous êtes jeune, plus vos économies sont susceptibles de croître. Même si vous ne pouvez placer qu'une petite somme, il est dans votre intérêt de commencer tout de suite. Soyez proactif.

Amusez-vous.

Travailler en vue de buts, de projets et dans le cadre d'une vision de votre avenir ne vous empêche pas d'apprécier les bénédictions, les cadeaux et la grâce que Dieu vous offre aujourd'hui. Si vos priorités sont bien ordonnées, vous bénéficiez des deux possibilités à la fois et non d'une seule. Rappelez-vous que préparer l'avenir n'est pas du tout la même chose que miser sur l'avenir[10] ou s'inquiéter pour l'avenir[11].

---

9. Erin Burt, « Behold the Miracle of Compounding », [Le miracle des intérêts composés], Kiplinger, 8 novembre 2007 (réédité en 2011), < http://www.kiplinger.com/article/saving/T063-C006S001-behold-the-miracle-of-compounding.html >.
10. Luc 12.19,20.
11. Luc 12.22,23.

CONSEILS POUR LES COUPLES MARIÉS

Pas de secrets.

Gérez ensemble votre argent. Le secret en matière de finances détruit les mariages. Il commence en général de manière subtile, mais tout ce qui est gardé dans l'ombre deviendra une grave menace qui pèsera sur l'unité que Dieu a voulue dans le mariage et la détruira. Si vous n'êtes pas à cent pour cent honnête avec votre conjoint sur vos dettes, vos habitudes de dépense, vos passe-temps secrets, et autres choses semblables, posez immédiatement ce livre et entamez le processus de confession et de repentance. Jésus est mort pour votre péché, et il vous pardonnera. Si votre conjoint aime Jésus, il est probable qu'il ou elle vous pardonnera également.

Tirez profit des forces de l'autre.

Espérons que l'un soit plus doué que l'autre, sur le plan de l'organisation, en sorte qu'il ou elle aura plus de facilité pour équilibrer le compte et pour mener à bien les calculs. Utilisez ces dons efficacement. Trop souvent, l'un des conjoints abandonne à l'autre la gestion des finances. Le mari et la femme doivent tous deux s'en occuper : connaître le budget, savoir ce qu'y investit l'autre conjoint, et savoir où ils en sont financièrement en tant que famille. Si possible, rendez l'opération distrayante. Parlez chiffres autour d'une glace ou d'un sorbet et faites-en l'occasion d'une sortie.

Comprenez les faiblesses de l'autre.

Les conflits financiers et le stress donnent lieu à plus de divorces qu'ils ne le devraient. L'argent est le premier sujet de dispute dans les couples[12]. J'ai découvert que les économes épousent souvent

---

12. Dave Ramsey, *Financial Peace Revisited* [La paix financière], New York, Viking, 2003, p. 195.

des dépensiers, ce qui n'est pas illogique, mais la dichotomie peut entraîner toutes sortes de conflits conjugaux si la compréhension mutuelle fait défaut dans le couple. Ne pointez personne du doigt, mais commencez plutôt par connaître et reconnaître vos traits caractéristiques et votre propre style de péché (économe, dépensier, avare, frivole, convoiteur) afin de pouvoir apprendre à communiquer humblement et efficacement avec votre conjoint et à établir un plan cohérent qui vous permettra à tous deux d'honorer Dieu.

Utilisez l'argent comme un don pour favoriser l'unité du couple.

Nous avons déjà beaucoup parlé de dons. Et si vous faisiez des dons à votre conjoint ? Avez-vous prévu, dans votre budget, un fonds consacré à témoigner votre amour à votre conjoint, ou une marge de manœuvre qui soit une source de bénédictions improvisées ? Lorsque votre femme est stressée, envoyez-la chez le pédicure. Lorsque votre mari a besoin d'un cadeau, faites en sorte de combler ce vide. Le stress tend à dominer notre vie financière et nous oublions de nous amuser. Voilà encore une façon d'être assujettis à l'argent comme à un dieu : nous lui permettons d'influencer notre humeur, notre équilibre mental ou notre vie de couple au lieu de le percevoir comme un don de Dieu. Découvrez comment utiliser l'argent pour vous offrir des moments de détente en tant que couple, ce sera une source d'épanouissement pour votre amour et pour votre intimité.

Vivez sur un seul revenu.

À un moment donné de votre vie, par choix ou par nécessité, votre foyer devra vivre avec un seul revenu. Si vous pouvez, en amont, organiser votre budget en fonction de cette éventualité, vous serez beaucoup mieux préparé lorsque la crise, les compressions de personnel, ou les enfants arriveront. Un second revenu dont vous n'avez pas « besoin » offre une étonnante occasion d'être généreux, d'économiser ou de rembourser une dette, ce qui sera une base solide pour votre avenir. Trop souvent, les jeunes couples font d'emblée correspondre leurs dépenses à leur double revenu, se lançant ainsi dans un train de vie qu'ils n'auront pas toujours les moyens de maintenir.

Dans le même ordre d'idée, faites en sorte d'inclure une assurance vie dans vos plans, afin que, si l'un des deux venait à décéder, l'autre ne se retrouve pas avec une hypothèque, des prêts étudiants, de jeunes enfants, ou d'autres obligations financières. Faites cet arrangement au plus tôt, parce que les primes sont beaucoup moins chères quand on est jeune.

CONSEILS POUR LES GENS D'ÂGE MÛR ET LES PERSONNES PLUS ÂGÉES

Ne déléguez pas, ne compartimentez pas le ministère.

Nombre de gens d'affaires chrétiens se demandent s'ils ne devraient pas échanger leur carrière séculière contre un « ministère » à temps plein au service de l'Église. C'est peut-être l'appel que Dieu vous adresse, mais, dans ce cas, j'aurais quelques questions d'ordre pastoral à vous poser avant que vous ne quittiez votre emploi :

- *Croyez-vous que, du fait même d'être chrétien, vous êtes déjà dans un ministère à plein temps ?* Tout chrétien est un ambassadeur de Jésus, peu importe que son travail soit « séculier » ou « spirituel ». Même si ce n'est pas votre métier, cela ne signifie pas que vous ne pouvez pas être au service des autres, partager l'Évangile, prier et être missionnaire dans votre quartier, envers ceux qui appartiennent à votre culture et aux sphères d'influence dans lesquelles vous évoluez.
- *Êtes-vous un chrétien fidèle là où vous vous trouvez ?* Beaucoup de gens s'imaginent que le fait de passer à une

carrière plus axée sur le ministère sera la source de la réussite spirituelle et de la responsabilisation qui semblent leur manquer maintenant. Bien souvent, cependant, le fait de changer les circonstances n'est qu'un moyen d'éviter de résoudre nos problèmes de péché. Le problème réside habituellement dans notre cœur, pas dans nos circonstances. Si c'est le cas, restez où vous êtes. Commencez par vous repentir et voyez ce que Dieu fera. Si vous êtes fidèle dans votre activité présente et si vous vous sentez appelé à autre chose, prenez la liberté en Christ d'examiner où l'Esprit Saint pourrait vous conduire.

- *Saviez-vous que le fait de donner est un don spirituel*[13] ? Peut-être estimez-vous qu'il y a plus de sainteté à laisser tomber toutes vos activités pour faire du bénévolat à plein temps dans votre Église ou pour partir dans un pays en voie de développement, mais si Dieu vous a accordé de grandes compétences en affaires jointes à la réussite financière, il se peut que votre rôle dans le royaume de Dieu soit d'amasser beaucoup d'argent et de donner beaucoup d'argent.

Partagez votre histoire, votre sagesse, vos succès et vos échecs.

Quand il est question des divers stades de la vie, j'ai très peu d'expérience en ce qui a trait aux personnes d'âge mûr et aux gens âgés. C'est pourquoi j'ai invité quelques amis expérimentés à partager leurs idées[14] :

> *Au lieu d'« attraper tout ce qui est à notre portée pour en profiter tout de suite », notre vie devrait avoir pour point de mire l'éternité comme source de joie, de paix et de contentement. Il se peut qu'en prenant de l'âge, Dieu vous accorde du temps et des ressources dont vous pourrez*

---

13. Romains 12.8.
14. Les noms ont été modifiés.

disposer à discrétion ; la manière dont vous choisissez de les investir est le reflet de ce que votre cœur chérit le plus. Mon père avait coutume de dire : « Vous gagnez ou perdez par la façon dont vous choisissez. » Nous devons être certains de faire notre choix avec sagesse dans ce domaine, car les enjeux sont énormes pour les prochaines générations.

— Dave, 50 ans

***

La vision de la retraite que j'avais a fait en sorte que ma vie a suivi un cours régulier pendant de nombreuses années. Le chemin que j'ai emprunté avait pour objectifs établis de travailler dur, d'accepter les sacrifices, de dépenser avec sagesse, d'épargner diligemment, de pratiquer la gratification retardée, de donner fidèlement, et de nous contenter de ce que nous avions. Mon succès dans ces divers domaines a connu des hauts et des bas, mais par la grâce de Dieu, la vision de départ a été réalisée.

Ma vision de la retraite n'était pas très différente du style de vie et des buts que j'avais l'habitude d'atteindre avant la retraite. La différence essentielle est que j'ai troqué la « production » pour le « temps ». Je voulais une vie où les gens, les petits-enfants encore bébés, le service et les relations avec les autres n'auraient pas à être en concurrence avec mon rendement – mon indispensable revenu, le travail à plein temps et tout ce que cela implique.

Je comprends ce qu'est la valeur du travail, je comprends que le rendement et le temps peuvent coexister, mais je me connais également et je connais suffisamment bien mes inclinations pour savoir que la retraite avait plus de chance d'être une réussite qu'une carrière prolongée ou réduite.

Tout cela semble beau en théorie, mais entièrement vain si ma vie ne glorifie pas Dieu. Que la grâce de Dieu continue à me guider, que je puisse m'approcher encore plus de lui et que ma vie le glorifie et soit en bénédiction aux autres.

— Stan, 60 ans

***

La plupart d'entre nous ont grandi avec l'idée que prendre sa retraite est ce que grand-père a fait le jour où il n'a plus été contraint à aller travailler et où il pouvait par conséquent passer plus de temps avec nous autres enfants. Et assurément, il y a un peu de cela. Mais en ce qui concerne notre appel chrétien, la retraite est très différente de ce que nous faisons de notre vie une fois terminées les responsabilités rattachées à notre carrière professionnelle. Nous ne prenons jamais de retraite par rapport à notre foi. Les chrétiens ne prennent jamais de retraite en ce qui concerne le service de Jésus et de la communauté. Nous sommes appelés à servir et le seul changement qui se produit est l'adresse de notre lieu de travail.

– John, 55 ans

Aux hommes et aux femmes plus avancés en âge : vos histoires de guerre ont une valeur inestimable. Partagez-les avec les jeunes de votre Église et de votre communauté. Allez prendre un café avec les jeunes. Savourez le privilège de faire fructifier l'œuvre de l'Évangile par-delà votre vie et de le faire entrer dans la vie des autres. Il n'est jamais trop tôt ou trop tard pour commencer à réfléchir à la manière dont votre temps et votre argent peuvent ouvrir la voie aux générations futures.

C'EST MIEUX ENSEMBLE

Qu'est-ce que cela donnerait si tous les membres de votre Église utilisaient leurs ressources en vue d'une mission commune ? Et si les autres Églises se joignaient à vous ? Et si, en tant qu'individus, nous cessions d'adorer l'argent comme un dieu et le recevions comme un don – un outil bienvenu dans le royaume du vrai Dieu...

Nous pourrions voir des milliers d'Églises s'implanter pendant notre vie et, donc, des centaines de milliers de personnes rencontrer Jésus. Notre gestion fidèle pourrait être en bénédiction aux générations à venir, et nos arrière-arrière-arrière-petits-enfants pourraient entendre l'Évangile dans le lointain sillage de ce que nous sommes en train de vivre aujourd'hui.

C'est ma prière pour nous tous, économes du royaume de Jésus. La meilleure façon d'accroître l'impact de notre argent est de l'investir ensemble pour la gloire de Dieu. L'Église est un corps, et nous n'irions pas très loin en tant que jambe, œil, ou doigt, si nous restions isolés. « Si tous étaient un seul membre, où serait le corps ? demande Paul. Maintenant donc il y a plusieurs membres, et un seul corps[15]. »

De notre Dieu bon, fidèle et aimant, nous avons reçu le pardon, le salut, Jésus, le Saint-Esprit, l'Église comme famille, le royaume, la vie et le message de l'Évangile à partager avec le monde. Nous avons toutes les raisons d'être reconnaissants, de nous aimer les uns les autres et de travailler ensemble afin d'utiliser nos dons à la gloire de Jésus, pour le bien des autres et pour la joie d'être ce pour quoi nous avons été créés. « Grâces soient rendues à Dieu pour son don merveilleux[16] ! »

---

15. 1 Corinthiens 12.19,20.
16. 2 Corinthiens 9.15.

10

NE VOUS EN SOUCIEZ PAS

Ne vous livrez pas à l'amour de l'argent ; contentez-vous de ce que vous avez ; car Dieu lui-même a dit : Je ne te délaisserai point, et je ne t'abandonnerai point.
— Hébreux 13.5

L'argent est un don de Dieu ; il est bon, nécessaire et extrêmement utile. C'est aussi un dieu séduisant, destructeur et implacable. Je prie sincèrement que ce livre vous aura aidé à remettre l'argent à sa juste place : un outil à utiliser pour glorifier Jésus, une jauge pour évaluer la santé spirituelle de votre cœur et une bénédiction de Dieu dont il est parfaitement légitime de profiter.

LES ÉTAPES SUIVANTES

Les leçons, les idées et les principes que j'ai développés tout au long de ce livre requièrent quelques applications pratiques précises si vous voulez en tirer un bien quelconque. Voici quelques priorités de base pour commencer[1] :

---

1. Vous trouverez d'autres conseils, modèles, techniques et astuces dans quelques-uns des livres recommandés en annexe.

1. Donnez.
2. Prenez une assurance vie.
3. Faites un budget (vous trouverez un échantillon de modèle en annexe).
4. Créez un fonds d'urgence.
5. Payer vos dettes.
6. Économisez en vue de la retraite.
7. Économisez en vue de frais importants (maison, études universitaires).
8. Planifiez votre succession (testament, faire un legs).
9. Respirez et profitez de la vie.

Commencez toujours par le don. L'ordre peut varier en fonction de vos priorités. Lorsque vous aborderez le détail de vos projets, de votre argent et de votre vie, faites-le à votre rythme.

Gardez les choses simples.

Les gens rendent souvent la planification financière plus compliquée qu'il n'est nécessaire. Pour être un bon économe, il est inutile d'acheter des logiciels coûteux, d'avoir un diplôme d'expert-comptable, un service bancaire en ligne, ou beaucoup de fonds communs de placement. Trouvez un système qui fonctionne pour vous. Plus il est simple, plus il sera facile de s'y tenir.

Restez sur la bonne voie.

Lorsque vous commencerez à donner et à faire des sacrifices, vous vous sentirez mal à l'aise. La tentation s'insinuera en vous et le chemin de la moindre résistance vous semblera plus attirant. Ne cédez pas. Sachez que vous serez tenté et préparez-vous en conséquence. Mémorisez l'Écriture, organisez-vous pour devoir rendre des comptes à quelqu'un et priez beaucoup.

N'agissez pas seul.

Le livre des Proverbes déclare : «Les projets échouent, faute d'une assemblée qui délibère ; mais ils réussissent quand il y a de nombreux conseillers[2].» Demandez la sagesse et rendez des comptes à des conseillers en qui vous avez confiance : des amis, un petit groupe, la famille. Écoutez ce qu'ils ont à dire, même si cela fait mal[3]. En outre, mari et femme doivent travailler en commun pour gérer leurs ressources.

Vous n'êtes pas au ciel.

Le monde est abîmé et la vie se présente rarement de manière aussi harmonieuse que les pièces bien ajustées d'un joli puzzle. Ne dépensez pas trop d'énergie à essayer de créer un paradis sur la terre. La création a été soumise à la vanité[4], et vous serez très, très frustré si vous tentez de rendre les choses parfaites. Ne remplacez pas le dieu argent par le dieu gestion parfaite. Travaillez avec ce dont vous disposez, et adorez Jésus.

Portez votre propre charge ; partagez vos fardeaux.

Galates 6 déclare : «Portez les fardeaux les uns des autres», mais aussi : «Chacun portera sa propre charge[5].» Votre «charge» réfère à votre responsabilité : votre budget, votre argent, vos dons. Ne chargez personne de s'occuper des choses dont vous devez vous occuper. Parallèlement, lorsque survient un fardeau (décès, perte d'emploi, maladie, tragédie), soyez assez humble pour demander de l'aide. Dieu nous a donné une grande famille (l'Église), dans une certaine mesure, pour que nous nous occupions les uns des autres et que personne ne soit oublié.

---

2. Proverbes 15.22.
3. Proverbes 9.8.
4. Romains 8.20.
5. Galates 6.2,5.

La bonne gestion est un mode de vie.

Une bonne gestion de votre argent et de vos ressources est quelque chose de plus prenant que de lire un livre ou suivre un cours. Comme tous les aspects de la vie de disciple, être un bon économe exige une vie de foi et de repentance, d'amour et d'obéissance. Nous avons besoin d'un enseignement continuel, de prière, et de temps avec Jésus afin de nous poser sans cesse la question : «Comment être le plus fidèle possible avec ce qui m'a été confié ?»

À chaque jour suffit sa peine.

Il est important de penser à long terme, sans toutefois vous laisser écraser par une vision qui s'étend sur cinquante ans. «Le lendemain aura soin de lui-même[6]», dit Jésus. Demandez chaque jour à Dieu sa sagesse et commencez aujourd'hui.

Si vous ne deviez vous rappeler qu'une seule chose…

Encore et encore, à travers toute l'Écriture, Dieu nous assure que nous pouvons lui faire confiance[7], parce qu'il est un Dieu bon[8]. *Ne vous inquiétez pas!*

«Ne vous inquiétez pas», nous dit Jésus dans Luc 12. «Si Dieu revêt ainsi l'herbe qui est aujourd'hui dans les champs et qui demain sera jetée au four, à combien plus forte raison ne vous vêtira-t-il pas, gens de peu de foi ? Et vous, ne cherchez pas ce que vous mangerez et ce que vous boirez, et ne soyez pas inquiets[9]. »

Mais nous sommes enclins à l'inquiétude, surtout quand il s'agit d'argent. Peu importe ce que nous disons de Dieu avec la bouche, du moment que l'inquiétude habite notre cœur, c'est

---

6. Matthieu 6.34.
7. Matthieu 6 ; Luc 12.24,30,32 ; Philippiens 4.6 ; 1 Pierre 5.
8. Luc 11.13 ; Jean 10.10,11.
9. Luc 12.22,28,29.

que nous ne le croyons pas vraiment. Confessez la vérité plutôt que de chercher à justifier votre angoisse. Celle-ci n'est pas une surprise pour Dieu. Comme c'est le cas pour n'importe quel péché, être libéré de l'inquiétude exige que nous reconnaissions notre culpabilité. La confession consiste à déclarer humblement quelque chose comme ceci :

> *J'ai trahi le royaume de Dieu en plaçant mon espérance et ma confiance dans un royaume terrestre fait d'argent et de choses semblables. J'ai besoin de la mort substitutive de Jésus, à ma place, et j'ai besoin de la puissance du Saint-Esprit afin de changer. Merci Père, pour ta grâce.*

Nos soucis révèlent que nous sommes esclaves du péché. Notre incapacité à cesser de nous inquiéter révèle notre impuissance extrême, laquelle révèle notre besoin de la grâce de Dieu. La grâce de Dieu nous délivre de l'inquiétude et nous permet d'être transformés par la repentance. Sur le plan pratique, la repentance financière commence par une bonne planification ; nous en avons discuté tout au long de ce livre. Pour en donner une illustration, voici comment la planification peut servir à dissiper certaines préoccupations :

SUJETS D'INQUIÉTUDE COURANTS	PLAN DE GESTION FINANCIÈRE
Chômage	Tenir un compte d'épargne couvrant trois mois de dépenses courantes
Crise inattendue	Créer un fond d'urgence en vue de dépenses planifiées
Décès du conjoint	Prendre une assurance vie suffisante pour couvrir les dettes et les dépenses courantes
Revenu insuffisant pour avoir des enfants	Vivez sur un seul revenu ; évaluez le coût d'avoir des enfants ; établissez votre budget en conséquence
Retraite	Utilisez un calculateur du revenu de retraite pour planifier ; adaptez votre mode de vie

Dans la mesure du possible, les bons économes se préparent aux réalités de la vie. Des imprévus peuvent survenir. Ne vous attardez pas aux éventualités : confiez-vous en Dieu et planifiez en conséquence. « Ne vous inquiétez pas » ne signifie pas : « laissez-vous aller et ne planifiez rien ». Les vœux pieux ne sont pas autre chose qu'une forme optimiste de l'inquiétude. Travaillez dur au contraire et planifiez. Combattez l'inquiétude en reconnaissant qu'elle existe et en prenant les devants.

D'un autre côté, la planification prudente peut masquer un cœur pécheur. Un bon plan peut ne viser qu'à soulager nos symptômes, mais la vraie repentance est le seul moyen de traiter la cause profonde de ces symptômes qui proviennent de notre cœur. Par exemple, si vous nourrissez de fréquentes inquiétudes concernant la mort de votre conjoint, le fait de prendre une assurance vie pourra atténuer vos soucis financiers, mais l'angoisse demeurera parce que les comptes d'épargne et les polices d'assurance ne peuvent vous garantir la sécurité parfaite.

Jésus n'est pas Bob Marley. Il est certes difficile de s'inquiéter tout en écoutant du reggae. Mais lorsque Jésus déclare : « ne vous inquiétez pas », il ne s'agit pas d'un vain encouragement qui ne parvient à nous soulager que quelques instants. Jésus nous aide. Et il nous invite à quelque chose de bien plus grandiose qu'un simple soulagement passager de nos préoccupations matérielles. « Cherchez plutôt le royaume de Dieu ; et toutes ces choses vous seront données par-dessus[10]. » Il ne s'agit pas d'une stratégie de diversion du style : *occupez-vous l'esprit et vous oublierez de vous inquiéter !* ou : *Ne vous souciez pas des questions d'argent parce que les choses matérielles sont sans importance.* Il s'agit d'une promesse : « Ne cherchez pas ce que vous mangerez et ce que vous boirez[11] », car Dieu vous donnera ce dont vous avez besoin. Cherchez le royaume de Dieu, et vous trouverez satisfaction.

---

10. Luc 12.31.
11. Luc 12.29.

Jésus ne minimise pas nos préoccupations matérielles. Il promet que Dieu y pourvoira, ce qui signifie que nous pouvons consacrer notre temps et notre énergie à participer à une cause plus grande que notre propre survie. Notre travail consiste à chercher le royaume ; son travail est de prendre soin de nous en cours de route, selon sa volonté.

Je dois régulièrement lutter avec le fait que j'oublie la fidélité indéfectible avec laquelle Dieu pourvoit à chacun de mes besoins : je reviens si facilement à l'idée que c'est moi qui suis responsable de tout. Ce n'est pas moi. C'est lui. Cette perspective est bien plus forte que les circonstances. Elle change tout.

La joie ne vient pas de l'abondance.

L'affliction ne vient pas de la pauvreté.

« Ne vous livrez pas à l'amour de l'argent ; contentez-vous de ce que vous avez ; car Dieu lui-même a dit : Je ne te délaisserai point, et je ne t'abandonnerai point[12]. »

POUR CONCLURE

Quel que soit le montant de votre compte en banque en ce moment, tirez-en le meilleur profit possible. Évitez la complaisance et jouez la sécurité, mais ne soyez pas envieux. Vivez dans le contentement. Et soyez reconnaissants.

J'espère que vous fermerez ce livre en ayant beaucoup à méditer et peu de rectifications à effectuer. Mais rappelez-vous que la vie ne consiste pas en une liste de choses à faire. Ne laissez pas l'inquiétude et la culpabilité vous dérober votre sourire. L'argent est un cadeau, mais la vie l'est aussi, et un cadeau bien plus précieux. Allez-y, vivez cette réalité !

Voici ce que j'ai vu : c'est pour l'homme une chose bonne et belle de manger et de boire, et de jouir du bien-être au milieu de tout le travail qu'il fait sous le soleil, pendant le nombre des jours de vie que

12. Hébreux 13.5.

Dieu lui a donnés ; car c'est là sa part. Mais, si Dieu a donné à un homme des richesses et des biens, s'il l'a rendu maître d'en manger, d'en prendre sa part, et de se réjouir au milieu de son travail, c'est là un don de Dieu. Car il ne se souviendra pas beaucoup des jours de sa vie, parce que Dieu répand la joie dans son cœur.

— Ecclésiaste 5.17-20

APPENDICE A

GUIDE D'ÉTUDE

Ce guide est destiné aux Églises et aux petits groupes qui veulent examiner ensemble l'enseignement du livre *L'argent : dieu ou don de Dieu*. Utilisez ce programme de cinq semaines tel quel, ou adaptez-le, révisez-le et modifiez-le en fonction de vos besoins.

La Bible recèle de passages substantiels sur les questions d'argent, mais Luc 12 aborde toutes les grandes idées évoquées dans *L'argent : dieu ou don de Dieu*. C'est la raison pour laquelle j'ai sélectionné des extraits de ce chapitre comme base scripturaire pour la discussion de chaque semaine.

SEMAINE N° 1

Chapitre 1 : Haïssez-le

RACONTEZ À TOUR DE RÔLE :

Receviez-vous de l'argent de poche, lorsque vous étiez enfant ? Le cas échéant, que deviez-vous faire pour le gagner ?

LISEZ ENSEMBLE :

Luc 12.4-7 : «Je vous dis, à vous qui êtes mes amis : Ne craignez pas ceux qui tuent le corps et qui, après cela, ne peuvent rien faire de plus. Je vous montrerai qui vous devez craindre. Craignez celui qui, après avoir tué, a le pouvoir de jeter dans la géhenne ; oui, je vous le dis, c'est lui que vous devez craindre. Ne vend-on pas cinq passereaux pour deux sous ? Cependant, aucun d'eux n'est oublié devant Dieu. Et même vos cheveux sont tous comptés. Ne craignez donc point : vous valez plus que beaucoup de passereaux. »

DISCUTEZ ENSEMBLE :

1. Quels soucis vous oppressent pendant la journée et vous gardent éveillé la nuit ? Qu'est-ce qui vous fait peur ? Que révèle votre inquiétude sur la façon dont vous percevez le caractère de Dieu ?

2. Que signifie « craindre » Dieu ? Pourquoi Jésus utilise-t-il ce mot pour parler d'une relation appropriée avec Dieu, et comment l'amour trouve-t-il sa place dans cette équation ?

3. Avez-vous, pour cette étude, des attentes ou des objectifs spécifiquement liés à vos finances personnelles ? Pourquoi participez-vous à l'étude, et qu'en attendez-vous ?

PRIEZ ENSEMBLE :

Demandez au Saint-Esprit son aide et sa bénédiction pour que vous puissiez étudier avec sagesse et conviction, être encouragé et transformé. Confessez vos craintes et demandez au Saint-Esprit de vous conduire dans la repentance. Louez Dieu pour son pardon, son amour, et parce qu'il pourvoit à vos besoins.

SEMAINE Nº 2

Chapitre 2 et 3 : Gérez-le et budgétisez-le

RACONTEZ À TOUR DE RÔLE :

Votre maison est en train de brûler. Tout le monde est en sécurité et vous avez la possibilité de préserver une seule de vos possessions matérielles, grande ou petite. Qu'allez-vous garder ?

LISEZ ENSEMBLE :

Luc 12.42-48 : « Et le Seigneur dit : Quel est donc l'économe fidèle et prudent que le maître établira sur ses gens, pour leur donner la nourriture au temps convenable ? Heureux ce serviteur, que son maître, à son arrivée, trouvera faisant ainsi ! Je vous le dis en vérité, il l'établira sur tous ses biens. Mais, si ce serviteur dit en lui-même : Mon maître tarde à venir ; s'il se met à battre les serviteurs et les servantes, à manger, à boire et à s'enivrer, le maître de ce serviteur viendra le jour où il ne s'y attend pas et à l'heure qu'il ne connaît pas, il le mettra en pièces, et lui donnera sa part avec les infidèles. Le serviteur qui, ayant connu la volonté de son maître, n'a rien préparé et n'a pas agi selon sa volonté, sera battu d'un grand nombre de coups. Mais celui qui, ne l'ayant pas connue, a fait des choses dignes de châtiment, sera battu de peu de coups. On demandera beaucoup à qui l'on a beaucoup donné, et on exigera davantage de celui à qui l'on a beaucoup confié. »

DISCUTEZ ENSEMBLE :

1. Examinez de nouveau le tableau qui se trouve dans ce chapitre. Regardez la colonne de gauche et discutez des différents points sur lesquels vous êtes plutôt enclin à l'avidité qu'à la gratitude. Cultivez la reconnaissance du cœur en partageant des exemples de la bonté de Dieu dans votre vie, dans votre Église et dans les promesses de l'Écriture.

2. Avez-vous plutôt tendance à vivre selon la théologie de la prospérité ou celle de la pauvreté ? Quelle est la réaction de Jésus à l'égard de ces deux erreurs ?

3. Quelles mesures allez-vous prendre cette semaine afin d'améliorer votre gestion financière ? (Idées : création d'un budget, mise à jour du budget que vous avez déjà, ouverture d'un compte d'épargne.) Pourquoi est-ce important ?

PRIEZ ENSEMBLE :

Remerciez Dieu pour toutes les bonnes choses qu'il vous a confiées. Demandez l'aide du Saint-Esprit pour bien gérer ces dons. Confessez vos plaintes, et louez Dieu pour sa patience et sa grâce, lesquelles nous donnent l'espoir de changer.

SEMAINE N⁰ 3

Chapitre 4 à 6 : Gagnez-le, dépensez-le
et économisez-le

RACONTEZ À TOUR DE RÔLE :

Parlez d'une économie que vous avez réalisée sur une longue
période. Quel a été le résultat ? Cela en valait-il la peine ?

LISEZ ENSEMBLE :

Luc 12.15-21 : « Puis il leur dit : Gardez-vous avec soin de toute
avarice ; car la vie d'un homme ne dépend pas de ses biens,
serait-il dans l'abondance. Et il leur dit cette parabole : Les
terres d'un homme riche avaient beaucoup rapporté. Et il raison-
nait en lui-même, disant : Que ferai-je ? car je n'ai pas de place
pour rentrer ma récolte. Voici, dit-il, ce que je ferai : j'abattrai
mes greniers, j'en bâtirai de plus grands, j'y amasserai toute ma
récolte et tous mes biens ; et je dirai à mon âme : Mon âme, tu as
beaucoup de biens en réserve pour plusieurs années ; repose-toi,
mange, bois, et réjouis-toi. Mais Dieu lui dit : Insensé ! cette nuit
même ton âme te sera redemandée ; et ce que tu as préparé, pour
qui sera-ce ? Il en est ainsi de celui qui amasse des trésors pour
lui-même, et qui n'est pas riche pour Dieu. »

DISCUTEZ ENSEMBLE :

1. En matière d'argent, êtes-vous plutôt dépensier ou économe ? Exposez aux autres votre point de vue et invitez-les à commenter celui-ci, en particulier ceux qui ne sont pas d'accord avec vous.
2. Qu'est-ce qui vous oblige à économiser, à dépenser ou à gagner plus ? Outre vos motivations nobles, quelles craintes vous y incitent ?
3. Si quelqu'un de l'extérieur observait l'aspect financier de votre vie pendant une semaine – la façon dont vous gagnez, dépensez, économisez, donnez et utilisez votre argent – qu'apprendrait-il sur vos priorités ? Demandez à votre conjoint ou à un ami proche de donner une honnête évaluation de votre attitude.

PRIEZ ENSEMBLE :

Louez Dieu parce qu'il est celui qui donne la vie et qui la soutient. Confessez les différentes manières dont vous avez compté sur l'argent plus que sur Dieu : pour déterminer votre valeur personnelle, pour avoir la paix d'esprit, pour être accepté des autres ou pour votre propre gloire. Demandez à l'Esprit Saint qu'il vous accorde sa sagesse et qu'il vous guide activement au moment d'effectuer toute démarche pour gagner, dépenser et économiser l'argent que Dieu vous a confié.

SEMAINE Nº 4

Chapitre 7 et 8 : Investissez-le et donnez-le

RACONTEZ À TOUR DE RÔLE :

Quels sont les meilleurs dons matériels que vous ayez reçus ?

LISEZ ENSEMBLE :

Luc 12.32-34 : « Ne crains point, petit troupeau ; car votre Père a trouvé bon de vous donner le royaume. Vendez ce que vous possédez, et donnez-le en aumônes. Faites-vous des bourses qui ne s'usent point, un trésor inépuisable dans les cieux, où le voleur n'approche point, et où la teigne ne détruit point. Car là où est votre trésor, là aussi sera votre cœur. »

DISCUTEZ ENSEMBLE :

1. Randy Alcorn écrit : « Celui qui amasse des trésors sur la terre passe sa vie à s'en éloigner. Pour lui, la mort sera une perte. Celui qui amasse des trésors au ciel attend l'éternité avec impatience ; il se rapproche chaque jour de ses trésors. Pour lui, la mort sera un gain[1]. » Êtes-vous en train de voguer vers votre trésor ou de vous en éloigner ? Qu'est-ce qui vous permet de l'affirmer ?

---

1. Randy Alcorn, *op. cit.*, p. 54.

2. Pour vous, quel aspect du don au sens biblique est le plus difficile à atteindre : celui de la joie, du sacrifice, ou de la régularité ? Comment se manifesterait la repentance dans votre cas ? Pourquoi chacune de ces trois caractéristiques est-elle importante ?

3. Quel acte éventuel de générosité tenterez-vous d'accomplir cette semaine ?

PRIEZ ENSEMBLE :

Louez Dieu pour tous ses dons généreux – nommez-en autant que le temps vous le permet. Remerciez Dieu pour la générosité de tous ses dons célestes à venir. Demandez au Saint-Esprit de vous aider à discerner les occasions de faire grandir votre générosité au quotidien.

SEMAINE N° 5

Chapitre 9 et 10 : Multipliez-le
et ne vous en souciez pas

RACONTEZ À TOUR DE RÔLE :

Après votre mort, quand on se souviendra de vous, de quelle manière espérez-vous qu'on vous décrive ?

LISEZ ENSEMBLE :

Luc 12.22-31 : « Jésus dit ensuite à ses disciples : C'est pourquoi je vous dis : Ne vous inquiétez pas pour votre vie de ce que vous mangerez, ni pour votre corps de quoi vous serez vêtus. La vie est plus que la nourriture, et le corps plus que le vêtement. Considérez les corbeaux : ils ne sèment ni ne moissonnent, ils n'ont ni cellier ni grenier ; et Dieu les nourrit. Combien ne valez-vous pas plus que les oiseaux ! Qui de vous, par ses inquiétudes, peut ajouter une coudée à la durée de sa vie ? Si donc vous ne pouvez pas même la moindre chose, pourquoi vous inquiétez-vous du reste ? Considérez comment croissent les lis : ils ne travaillent ni ne filent ; cependant je vous dis que Salomon même, dans toute sa gloire, n'a pas été vêtu comme l'un d'eux. Si Dieu revêt ainsi l'herbe qui est aujourd'hui dans les champs et qui demain sera jetée au four, à combien plus forte raison ne vous vêtira-t-il pas, gens de peu de foi ? Et vous, ne cherchez pas ce que vous mangerez et ce que vous boirez, et ne soyez pas inquiets. Car toutes ces choses, ce sont les païens du monde qui les recherchent. Votre

Père sait que vous en avez besoin. Cherchez plutôt le royaume de Dieu ; et toutes ces choses vous seront données par-dessus. »

DISCUTEZ ENSEMBLE :

1. Partagez certains de vos objectifs à long terme. Comment Jésus a-t-il changé ou façonné ces plans ?
2. Passez en revue les conseils relatifs aux stades de vie qui se trouvent au chapitre 9. Selon la période de votre vie où vous vous situez, quel est le conseil le plus encourageant pour vous ? Le plus difficile à appliquer ? En quoi espérez-vous changer à la lumière de ces conseils ?
3. Qu'allez-vous retenir de cette étude et quel impact espérez-vous qu'elle ait sur votre vie ?

PRIEZ ENSEMBLE :

Abandonnez à Dieu vos projets, vos aspirations et l'héritage que vous laisserez. Priez pour qu'il vous soit favorable, vous guide et vous accorde la sagesse dans vos entreprises. Demandez au Saint-Esprit qu'il vous accorde la foi nécessaire pour faire confiance à Dieu en ce qui concerne le résultat.

APPENDICE B

RESSOURCES RECOMMANDÉES

LIVRES

Craig Blomberg, *Ne me donne ni pauvreté ni richesse :
une théologie biblique des possessions matérielles*

> Un voyage guidé à travers la Bible vue sous l'angle de l'argent et
> de sa gestion.

Randy Alcorn, *Money, Possession, and Eternity* [L'argent,
les possessions matérielles et l'éternité]

> Ce livre décisif d'Alcorn sur le thème de la gestion des possessions
> matérielles recouvre les mêmes thèmes que *Le principe du trésor*.

Randy Alcorn, *Le principe du trésor : découvrir la joie de donner*

> Une brève, mais excellente introduction à la gestion biblique des
> possessions matérielles.

Timothy Keller, *Dieu dans mon travail*

> Un survol compréhensible et complet de la perspective biblique
> sur le but et la valeur du travail.

John Piper, *Prendre plaisir en Dieu : réflexions d'un
hédoniste chrétien*

> Piper consacre un chapitre complet à l'argent, mais l'ouvrage
> entier donne un aperçu utile de ce que signifie «faire de Dieu
> notre plus grand trésor».

John Piper, *Et si je ne gâchais pas ma vie...*

> Comment le fait d'être un bon économe pour Dieu doit se voir
> dans le mode de vie du chrétien, ses priorités et ce qu'il chérit.

Dave Ramsey, *Financial Peace* [La paix financière]

> Le premier ouvrage de Ramsey adopte une approche plus globale (« que faire ») que *Total Money Makeover* (« comment le faire »).

Dave Ramsey, *Total Money Makeover*
[La métamorphose financière]

> Des conseils financiers pratiques qui s'harmonisent avec bon nombre de principes de l'Écriture.

Christian Smith, Michael Emerson, Patricia Snell, *Passing the Plate : Why American Christians Don't Give More Money* [La boîte à offrandes : pourquoi les chrétiens américains ne donnent-ils pas davantage ?]

> Une équipe de chercheurs présente une étude déterminante sur le don, les chrétiens et l'Église.

Edward T. Welch, *Running Scared : Fear, Worry, and the God of Rest* [La peur : la crainte, l'inquiétude et le Dieu de paix]

> Une étude pénétrante sur un thème qui est à la base de nos décisions concernant l'argent. Welch consacre un chapitre à l'inquiétude financière.

Chris Willard and Jim Sheppard, *Contagious Generosity : Creating a Culture of Giving in Your Church* [La générosité contagieuse : créer une culture du don dans votre Église]

> Plusieurs pasteurs ne savent pas comment aborder le sujet de l'argent dans leur Église. Ce livre offre une vaste perspective et des idées pratiques sur le sujet.

OUTILS

Mint.com

L'un des premiers et, encore actuellement, l'un des meilleurs outils de planification financière de l'ère numérique. Mint est un service totalement gratuit qui place tous vos comptes en un seul endroit. L'interface conviviale vous permet de budgétiser, de fixer des objectifs et de suivre les dépenses à partir de votre ordinateur ou de votre téléphone.

Crown Financial

Un ministère relié à l'argent qui offre de nombreux outils de formation, des calculateurs et autres outils de planification financière sur crown.org.

Financial Peace University

L'un des nombreux cours d'éducation financière personnelle établis par Dave Ramsey et disponibles sur DaveRamsey.com.

BreadVault.com

Pour les familles avec enfants, BreadVault est une application gratuite en ligne qui intègre l'éducation financière à la technologie, un peu comme une tirelire virtuelle qui vous permet, en famille, d'économiser, d'investir et de faire des dons.

Moonjar

Pour les familles qui, aux pixels, préfèrent les vieux billets et les vieilles pièces, Moonjar est une tirelire pour enfants avec trois sections distinctes : épargne, dépenses et partage. Plus d'information sur moonjar.com.

APPENDICE C

MODÈLE DE BUDGET

Il existe de nombreux et excellents outils de budgétisation, mais voici un modèle basique pour vous aider à démarrer. Pour d'autres conseils financiers, consultez le site de Dave Ramsey ou celui de Crown Financial.

	MENSUELS	ANNUELS	NOTES
GAINS			Revenu net (après impôts et déductions)
Salaire brut			
Impôts/Déductions			
Déduction retraite			
Autres revenus			Si d'autres revenus sont imposables, économisez sur votre revenu principal pour payer le fisc.
Total des revenus			

DONS			
Église			10 % des revenus (base conseillée)
Autre			
Total des dons			

DETTES			Notez les hypothèques à la rubrique « Logement »
Prêt étudiant			
Prêt voiture			
Carte de crédit n° 1			
Carte de crédit n° 2			
Autre			
Total des dettes			Priorité absolue : payez vos dettes au plus vite

ÉPARGNE			
Urgences			
Retraite			
Autre			Université, acompte, etc.
Total des épargnes			

	MENSUELS	ANNUELS	NOTES
DÉPENSES			
Assurances			Calculez combien vous devez économiser par mois
— Vie			Essentiel pour quelqu'un qui est seul à pourvoir aux besoins du foyer
— Voiture			
— Habitation			
Logement			0-40 % du revenu
Services publics			Budget basé sur les mois d'utilisation intensive
— Électricité			
— Eau			
— Collecte des ordures			
— Gaz			
Voiture			
— Carburant			
— Entretien			
Alimentation			Probablement 10-30 % du revenu
Vêtements			
Entretien			Remplacement, réparation, nettoyage
Hygiène			Articles de toilette, coiffeur, etc.
Récréation			
— Sorties au restaurant			
— Divertissements			
Hospitalité			Projets permettant d'être une bénédiction pour les autres
Téléphone mobile			

	MENSUELS	ANNUELS	NOTES
Internet/Télé/ Téléphone			
Noël			Économisez un peu chaque mois pour des cadeaux, des sorties, etc.
Autre			Abonnements, cotisation de membres, notez absolument tout.
Total des dépenses			

	MENSUELS	ANNUELS	NOTES
MARGE TOTALE			Ce chiffre devrait être près de zéro (non négatif). Un bon budget doit tenir compte de la majorité des recettes et des dépenses.

À PROPOS DE L'AUTEUR

Jamie Munson est originaire du Montana. Il vit à Seattle, dans l'État de Washington, où il a travaillé comme pasteur d'une Église multisite. Il est coprésident d'une prestigieuse compagnie de café et il travaille en tant que consultant pour aider les Églises et les entreprises à tirer le meilleur parti des ressources qu'ils ont reçues de Dieu. Jamie et sa femme, Crystal, ont quatre enfants. Ils aiment faire du sport et des randonnées ensemble, passer des soirées en famille, jouer aux billes, voyager et… rire.

Pour l'inviter comme conférencier et trouver plus d'informations à son sujet, visitez *jamiemunson.com*.

www.ingramcontent.com/pod-product-compliance
Lightning Source LLC
LaVergne TN
LVHW051739080426
835511LV00018B/3152

«Le meilleur livre sur l'argent, tout simplement!»

— Matt Chandler, président de Acts 29 Network, auteur et pasteur de The Village Church (thevillagechurch.net)

«En fin de compte, tout chrétien est un gérant et non un propriétaire. Jamie nous enseigne comment bien gérer les ressources que Dieu nous a données.»

— Lecrae, musicien professionnel, producteur et acteur

«Si vous cherchez un bon livre qui offre des conseils éprouvés, une perspective biblique et des applications pratiques au sujet de l'argent : le voici.»

— Michael Hyatt, auteur à succès, conférencier et blogueur

«À l'âge de 23 ans, je suis entré à la National Football League sans aucune connaissance financière. J'avais besoin d'une compréhension biblique de la volonté de Dieu pour mes finances. Non seulement Jamie expose la vision biblique de l'argent avec clarté, mais il y intègre magnifiquement la grâce dont Christ nous couvre tandis que nous apprenons et que nous vivons une vraie liberté financière.»

— Garrett Gilkey, garde offensif des Tampa Bay Buccaneers

«La toute première chose que j'ai faite après avoir lu *L'argent : dieu ou don de Dieu* a été d'en commander un exemplaire pour chaque membre de mon Église, tant c'est un bon livre : il est pratique, stimulant et par-dessus tout empreint de l'Évangile.»

— Noel Heikkinen, pasteur de Riverview Church (rivchurch.com)